나도 영어 논문 써볼까?

든든한 버팀목이 되어주는 사랑하는 가족과 부모님께 이 책을 바친다.

2013년 12월

# Contents

저자 .................................................................................. 1

    Preface ........................................................................ 2

1  논문이란? .................................................................... 8

2  논문의 구조 ................................................................ 13

    2.1    제목, 저자 목록, 소속 기관, 연락처 ................ 14

    2.2    주제어(Keywords) ............................................ 17

    2.3    초록 (Abstract) ................................................. 18

    2.4    서론 (Introduction) ........................................... 21

    2.5    연구 동기 (Motivation) .................................... 34

    2.6    관련연구 (Related Work) ................................. 37

    2.7    배경 (Background) ........................................... 47

    2.8    연구 방법 (Approach) ..................................... 52

    2.9    검증 (Validation) .............................................. 75

    2.10   교훈 (Lessons Learned) ................................... 81

    2.11   타당성/신뢰도에 대한 의문점 (Threats to Validity) 84

    2.12   결론 (Conclusion) ............................................. 88

    2.13   감사 글 (Acknowledgements) .......................... 91

    2.14   참고 문헌 (References) ..................................... 93

    2.15   부록 (Appendix) ............................................... 99

3  논리적 흐름 ................................................................ 101

    3.1    실전 예제 1 ...................................................... 102

## 저자

김대규 교수는 현재 미국 미시간 오클랜드 대학교 컴퓨터 공학과 부교수로 재직 중이다. 콜로라도 주립대학교 컴퓨터 공학과에서 박사 학위를 받았고 웨스턴 미시간 대학교 컴퓨터 공학과에서 석사 학위를 받았으며, 명지대학교 정보통신 공학과에서 학사학위를 받았다. 미국 NASA Ames Research Center 에서 기술 연구원으로 일하였으며 위스콘신주의 McHugh International Software 에서 수석 소프트웨어 엔지니어로 일했다. International Journal of Patterns 와 Journal of Universal Computer Science 의 편집위원을 역임했으며, 현재 Advances in Software Engineering 와 The Scientific World Journal 의 편집위원으로 맡고 있다. 그 밖의 여러 학회의 심사위원으로 활동했으며 약 50 여 편의 국제 논문을 저술하였다. 연구 분야로는 소프트웨어 디자인, 소프트웨어 보안, 소프트웨어 프로세스, 스마트 그리드 등이 있다.

## 주요 약력

2004 콜로라도 주립대학교 컴퓨터 공학과 박사
1997 웨스턴 미시간 대학교 컴퓨터 공학과 석사
1995 명지대학교 정보통신 공학과 학사
2004-현 미국 오클랜드 대학교 컴퓨터 공학과 부교수
2011 서강대학교 컴퓨터 공학과 방문 교수
2003 NASA Ames Research Center 기술 연구원
1997-2001 McHugh Software International 수석 엔지니어
2012-현 Advances in Software Engineering Journal 편집 위원
2012-현 The Scientific World Journal 편집 위원

## Preface

필자는 2011년 12월 한국의 한 사립대학으로 6개월간 연구년을 다녀왔다. 그곳에서 대학원생들과 6개월간 연구를 하는 동안 거의 매일 2~3회씩 회의를 하고 며칠씩 밤을 지새우며 함께 논문을 썼다. 학생들의 열정에 감동을 받았고 많은 일을 성실히 수행해준 학생들에게 정말 고마웠다. 동시에 많은 학생들이 영어 논문 작성에 대해 어려움을 겪고 있다는 것도 알게 되었다. 여러 대학 학생들과의 만남을 통해 이러한 어려움이 비단 필자가 지도했던 학생들만의 문제가 아님도 알 수 있었다. 이러한 현실에 처해있는 우리나라 학생들에게 제대로 된 영어 논문 작성법을 가르쳐주고 싶다는 생각이 들었고 이것이 필자가 이 책을 쓰게 된 동기다. 똑똑하고 성실한 우리나라 학생들이 제대로 된 영어 논문 작성법을 배운다면 우리나라의 경쟁력이 한 단계 더 높아질 수 있을 거라 믿는다.

시중에 나와 있는 책들은 대부분 단순 어휘나 영문법에 치중해 있다. 영어로 논문을 쓰는 데 있어서 어휘와 문법도 중요하지만, 더 중요한 것은 논문의 형식, 흐름, 그리고 표현이다. 논문이 어떤 형식으로 어떻게 구조화되고 어떻게 표현되어야 하는가를 알면 논문 쓰는 것뿐만 아니라 읽는 것도 익숙해진다. 또한 문법도 자연히 따라오게 된다. 이 책은 문법을 최소화하고 논문의 형식과 흐름 그리고 표현을 중심으로 구성되었다. 다양한 실전 예제를 통해 독자들에게 실질적인 도움이 될 수 있도록 노력했다. 이 책은 필자가 출판한 50여 편의 논문을 바탕으로 만들어졌다. 마지막으로 이 책을 쓰는 데 도움을 주신 많은 분께 감사 드리며 언제나

 3.2 실전 예제 2 .................................................................107

 3.3 실전 예제 3 .................................................................111

 3.4 실전 예제 4 .................................................................116

 3.5 실전 예제 5 .................................................................122

 3.6 실전 예제 6 .................................................................127

 3.7 실전 예제 7 .................................................................132

4 간결함과 명확성 .................................................................137

 4.1 실전 예제 1 .................................................................138

 4.2 실전 예제 2 .................................................................141

 4.3 실전 예제 3 .................................................................143

 4.4 실전 예제 4 .................................................................145

 4.5 실전 예제 5 .................................................................147

 4.6 실전 예제 6 .................................................................150

 4.7 실전 예제 7 .................................................................153

 4.8 실전 예제 8 .................................................................155

 4.9 실전 예제 9 .................................................................158

5 유용한 표현 .........................................................................161

 5.1 서술 방법 .....................................................................162

 5.2 문장 연결 .....................................................................166

 5.3 문장 전환 .....................................................................171

 5.4 강조 ...............................................................................176

 5.5 to 의 사용 ....................................................................178

 5.6 which 의 사용 .............................................................180

- 5.7 관사의 사용 ..................................................................188
- 5.8 관사의 생략 ..................................................................193
- 5.9 그 밖의 표현 ..................................................................196
- 6 주의해야 할 표현 ..............................................................230
  - 6.1 시제 (Tense) ................................................................231
  - 6.2 어조 (Toning) ..............................................................237
  - 6.3 한국적 표현 ..................................................................245
  - 6.4 그 밖의 표현 ..................................................................252
- 7 교정 (Revision) ..................................................................263
- 8 논문 양식 (Format) .............................................................269
- 9 논문 작성 도구 ....................................................................273
  - 9.1 LaTeX ..........................................................................274
  - 9.2 Microsoft Word ............................................................283
- 10 논문 투고 .........................................................................284
  - 10.1 투고 서신 (Cover Letter) ............................................286
  - 10.2 페이지 제한 ................................................................288
  - 10.3 논문 투고 ..................................................................290
  - 10.4 표절 .........................................................................298
- 11 논문 심사 ........................................................................299
  - 11.1 심사 평 (Review Comments) ....................................301
  - 11.2 답변서 (Response Letter) .........................................303
- 12 출판 ...............................................................................310
- Epilogue .............................................................................311

참고 문헌..................................................................312

# 1 논문이란?

## 🌳 논리적 기술서

논문은 연구의 결과를 논리적이고 체계적으로 기술한 기술 보고서다. 어떻게 논리적으로 설명할 것인가 하는 것은 창작의 부분이다. 마치 예술가들이 작품을 만드는 것과 유사하다. 창작 과정을 얼마큼 즐기느냐에 따라 논문을 쓰는 것이 무한한 즐거움이 될 수도 있고 힘든 시간이 될 수도 있다. 이 책을 읽고 있는 독자라면 이미 논문 작성을 즐길 준비가 되어 있다고 생각한다. 긍정적인 마음으로 자신을 믿고 이 책을 읽는다면 분명 좋은 결과가 있을 것이라고 믿는다.

논문과 예술작품이 다른 점은 논문에는 정형성이 있다는 것이다. 즉, 논문 작성은 정해진 틀이 있고 그 틀 안에서 일반적 작문법과 기술적 표현을 사용한다. 그러한 정형성만 익혀도 논문 작성이 많이 수월해진다. 또한 정확한 표현을 사용해야 한다. 우리말에 "아" 다르고 "어" 다르다는 말이 있다. 영어도 마찬가지다. 같은 의미의 단어라 할지라도 어떤 단어를 어디에 쓰느냐에 따라 문장의 의미가 달라진다. 그런 "감"을 익히는 것이 중요하다. 물론 쉽지 않은 일이다. 하지만, 꾸준한 노력과 연습을 통해 점차 익혀나가도록 노력해야 한다.

논문 작성은 비단 우리나라 사람들에게만 어려운 것은 아니다. 필자가 미국 학생들을 지도해봐도 우리나라 학생들과 크게 다르지 않다. 미국 학생들은 문법에서 좀 더 정확하지만, 그밖에는 우리나라 학생들과 비슷한 문제점을 가지고 있다. 즉, 영어 논문 작성은 영어 자체의 문제라기보다는 논리적 표현의 문제인 것이다.

논문 작성을 배운다는 것은 논리적 전개방식을 배우는 것과 같다. 논문에서는 소설에서처럼 다양한 단어나 미사여구들이 필요하지 않다. 사용되는 일반 단어들이 한정적이다. 그러한 한정된 단어들과 해당 연구 분야의 전문용어(jargons)를 잘 조합하여 논리적 표현을 만들고 그 표현들을 사용하여 일정한 형식에 맞게 기술하는 것이다. 따라서 논문에서 자주 쓰이는 단어들과 표현들만 잘 익혀도 논문 작성에 많은 도움이 된다.

잘 작성된 논문은 마치 소설을 읽듯이 읽힌다. 논문의 독자들은 그 분야의 전문가들이다. 따라서 잘 쓴 논문은 쉽게 읽힌다. 반면 전문가들조차 읽기 어려운 논문이라면 이는 논리적으로 설명하지 못함을 의미한다. 연구 결과가 아무리 훌륭하다 해도 논리적이지 못하면 전달력이 떨어지고 논문에 대한 흥미도 줄어든다. 처음부터 완벽한 논문을 바랄 수는 없다. 논문은 반복의 작업이다. 마치 대장장이가 담금질을 반복하며 단단한 철을 만들 듯이 여러 번의 수정을 거듭하며 좋은 논문이 나오는 것이다.

### 🌳 논문의 종류

논문은 기술 보고서(technical reports), 워크숍 논문(workshop papers), 심포지엄 논문(symposium papers), 학회 논문(conference papers), 책 장 논문(book chapters), 저널 논문(journal papers), 매거진 기사(magazine articles) 등으로 구분될 수 있다.

🍁 기술 보고서는 기관 내에서 작성된 내부 논문으로 공신력이 없다. 이러한 논문들은 일반적으로 저자들이 현재 진행 중이거나 아직 성숙하지 못한 연구를 인용해야 할 경우 사용된다. 즉, 본인들의 현재 진행 중인

연구를 기술 보고서로 만들어 다른 논문에 인용하는 것이다. 때로는 지적 재산권을 보호하기 위해 만들기도 한다.

- 워크숍 논문은 연구 초기 단계의 아이디어나 결과물을 보고한다. 일반적으로 본격적인 연구를 진행하기 전 해당 연구에 대한 커뮤니티(community)의 반응을 보기 위해 제출한다. 워크숍 논문은 연구가 자리를 잡아가는 과정에서 나온 것으로 "position paper"라고도 부른다. 워크숍은 주로 학회와 함께 열리는데 주요 학회(major conference)와 함께 열리는 워크숍이 대체로 더 지명도가 높고 제출되는 논문의 질도 좋다.

- 심포지엄도 목적 면에서 워크숍과 유사하나 규모 면에서 조금 더 크다. 심포지엄은 주로 독자적으로 열리는데 학회 내에 sub-event 로 열리기도 한다. 예를 들어 큰 규모의 학회는 박사과정 학생들을 위한 심포지엄(doctoral symposium)을 만들어 학생들이 자신의 연구 분야를 발표하고 조언을 받을 수 있는 기회를 제공한다.

- 학회 논문은 보통 연구의 중간 성과물을 보고한다. 각 분야마다 주요 학회들이 있고 그러한 학회들에 출판되는 논문들의 인지도가 높다. 큰 학회는 연구 논문 프로그램(technical program) 외에도 포스터 세션(poster session)이나 뉴 아이디어 트랙(new idea track) 같은 행사를 열기도 한다.

- 저널 논문은 연구의 최종 성과물을 기록하여 영구보관(archive)하는 것을 목적으로 한다. 따라서 저널 논문은 업적 면에서 가장 큰 크레딧(credit)을 받는다. 때로는 학회에서 논문 투고를 독려하기 위해 학회 후(post conference) 행사로 저널의 특집호(special issue)를

기획하기도 한다. 연구 계열별로 양질의 저널들 모아 인덱싱(indexing)을 하고 매년 영향력 계수(Impact Factor)를 계산하여 공개한다. 영향력 계수가 높을수록 좋은 저널이라 할 수 있다. 자연과학계의 경우 Science Citation Index (SCI)와 Science Citation Index Expanded (SCIE)가 있고 사회과학계의 경우 Social Science Citation Index, 인문예술의 경우 Art and Humanity Citation Index가 있다.

- 책 장 논문(book chapter)은 특정 분야에 대하여 연구 동향을 파악하기 위해 현재 진행되고 있는 연구들을 장별로 모아 한 권의 책으로 출판하는 것을 말한다. 책 장 논문은 크레딧 면에서 저널과 비슷하게 인정되기도 한다.
- 매거진 기사는 다른 논문들과 달리 일반인을 대상으로 하기 때문에 기술적인 내용보다는 대중적인 내용이 많다. 하지만 저널만큼의 크레딧이 있다.

연구의 목적에 따라 연구 논문(technical papers), 서베이 논문(survey papers), 그리고 리뷰 논문(review papers)으로 구분할 수 있다.

- 연구 논문은 새로운 기술이나 이론을 보고하는 논문으로 기존 연구들이 해결하지 못한 문제를 해결하고 제안된 기술과 이론을 기존연구와 비교 검증한다.
- 서베이 논문은 특정 문제 또는 분야에 대한 여러 연구을 정리, 비교하여 연구동향을 파악하고 이해하는 데 도움을 준다. 서베이 논문은 본인의 논문이 아닌 다른 연구자들의 연구를 이해하고 검증해야 하기 때문에 연구 논문보다 더 많은 시간과 노력이 필요하다.
- 리뷰 논문은 이미 출판된 논문에 대하여 오류나 질문사항을 논문형식으로 기고하는 것을 말한다. 리뷰

나도 영어 논문 써볼까?

논문에 기고된 사항들에 대해서는 리뷰의 대상이 됐던 논문의 저자들 역시 논문형식으로 답변한다.

## 2  논문의 구조

논문은 일정한 형식이 있다. 논문의 종류나 성격에 따라 조금씩 차이가 있을 수 있지만 전체적인 구조는 비슷하다. 일반적인 구성은 다음과 같다.

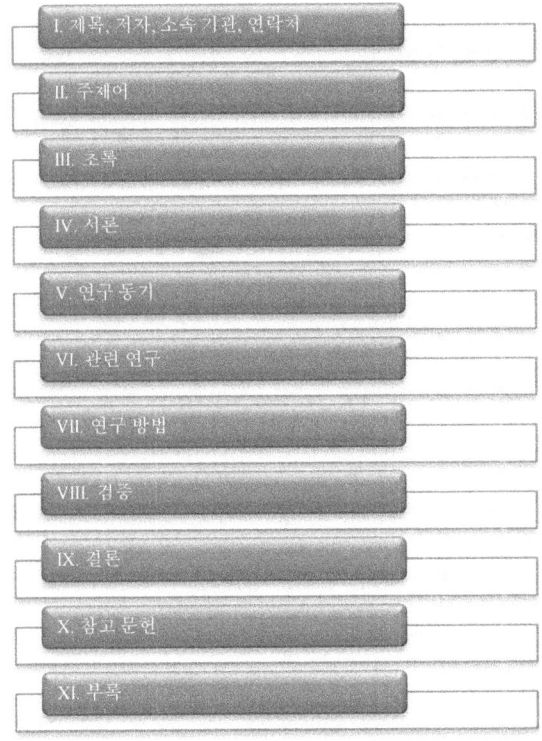

그림 2.1 논문 구조

## 2.1 제목, 저자 목록, 소속 기관, 연락처

### 🌳 제목 (Title)

논문은 제목으로 시작한다. 제목은 간결하면서도 논문의 내용을 가장 잘 전달할 수 있는 문구로 정한다. 사람들이 관련 연구를 찾을 때 가장 많이 쓰는 것이 제목이다. 따라서 제목을 어떻게 정하느냐에 따라 인용에도 영향을 미친다. 그만큼 제목은 중요하다. 논문 심사항목 중에도 제목의 적절성에 관한 항목이 있다. 제목의 각 단어는 대문자로 시작하며 전치사는 소문자로 쓴다. 다음은 제목의 예제이다.

**예제**

Software Model Transformation Using Design Patterns

Dae-Kyoo Kim[a,b], Byunghun Lee[a], and Sangsig Kim[b]
[a]Department of Computer Science and Engineering
Oakland University
Rochester, MI 48309, USA
{kim2,blee}@oakland.edu
[b]Software Engineering Laboratory
Rochester, MI 48309, USA
{skim2345}@softlab.com

### 🌳 저자 목록 (Authors)

연구에 참여한 연구자들의 공헌도에 따라 저자 순서가 정해진다. 공헌도가 가장 많은 사람이 제 1 저자, 그 다음이 제 2 저자 순으로 들어가며 마지막 저자는 "and"로 연결해준다. 일반적으로 연구를 주도한 사람이 제 1 저자가 된다. 여기서 주도라 함은 전체적 연구 방향 설정, 이론 정립,

관련 연구 조사, 실험 등 연구 전반에 걸친 참여를 말한다. 예를 들어 박사과정 학생이 연구를 주도하고 지도교수가 조언(advice) 했다면 박사 과정 학생이 제 1 저자가 된다. 반대로 지도교수가 주도하고 박사과정 학생이 실험이나 관련 연구 조사 등 부분적으로 참여했다면 지도교수가 제 1 저자가 된다.

논문을 누가 제출했느냐에 따라 서신교환 저자(corresponding author)가 정해진다. 서신교환 저자는 논문 제출부터 출판까지 전 과정에 걸쳐 저널(학회) 측과 서신 교환에 대한 책임을 진다. 제출된 논문과 관련하여 보강 자료요구나 이미 출판된 유사 논문에 대한 질의, 출판에 필요한 저작권 이전 서류(copyright), 양식 설명(formatting instructions), 조판(typesetting) 검증 등의 내용을 주고받는다. 저널논문은 대부분의 경우 서신교환 저자가 별도로 표시되며 많은 기관에서 서신 교환 저자에 대해 제 1 저자만큼의 크레딧을 인정해 준다. 반면 학회 논문은 서신 교환 저자에 대한 별도의 표시 사항이 없다. 보통 제 1 저자가 서신교환 저자가 되지만 그렇지 않은 경우도 있다. 예를 들어 박사 과정 학생이나 석사 과정 학생이 제 1 저자이고 지도교수가 제 2 저자인 경우 경험이 많은 지도교수가 종종 서신교환 저자가 되기도 한다. 저자의 순서는 분야마다 약간 다를 수 있다. 예를 들어 수학 분야에서는 모든 공동 저자들이 똑같은 공헌을 했다고 인정하여 저자들 성(last name)의 알파벳 (alphabet) 순으로 저자 순서가 정해진다.

### 🌳 소속 기관 (Affiliation)

저자 목록 다음으로 저자들의 소속기관들이 기재된다. 저자의 소속 기관이 다른 경우 기호(예: *, #)나 알파벳을 이용하여 저자와 해당 소속 기관을 표시한다. 만약 한 명의 저자가 여러 기관 소속인 경우 그 저자에 해당 소속 기관들의 모든 기호를 붙인다. 예를 들어 앞의 예제를 보면 첫 번째 저자는 두 개의 기관에 소속되어있음을 나타낸다. 공동 저자들이 모두 같은 기관 소속인 경우 특별한 표시 없이 해당 기관만 쓰면 된다.

## 주소 및 연락처 (Contact Information)

소속 기관 다음으로 각 저자에 대한 연락처가 들어간다. 보통 소속기관의 우편 주소와 이메일(email) 주소가 들어간다. 때로는 전화번호와 팩스 번호를 함께 넣기도 한다. 저자들이 모두 같은 기관 소속일 경우 저자 순으로 이메일 주소를 함께 묶을 수 있다. 예를 들의 앞의 예제에서 처음 두 명의 저자들의 소속이 같아 이메일 주소를 하나로 묶었다.

## 2.2 주제어(Keywords)

논문과 관련된 주제어를 나열한다. 이 단어들은 관련 논문을 찾을 때 많이 사용된다. 단순어와 복합어 모두 사용할 수 있으며 보통 5-6 개 정도의 단어를 열거한다. 학회나 저널마다 약간의 차이는 있지만, 일반적으로 단어들은 알파벳순으로 나열한다. 첫 번째 단어 첫 글자는 대문자로 시작하며 마지막 단어는 마침표를 붙인다. 다음은 주제어의 예이다.

**keywords**: Design pattern, model refactoring, pattern conformance, RBML, UML.

## 2.3 초록 (Abstract)

초록은 하나의 문단(paragraph)에 논문의 핵심 내용을 간략하고 논리적으로 기술한다. 초록의 구성은 논문의 구성과 유사하다. 먼저 연구 동기(motivation)를 서술하고 이 연구에서 해결하고자 하는 문제(problem statement)를 제기한다. 다음으로 기존 연구가 제기된 문제를 해결하지 못함을 설명하고(state of the art) 해당 논문에서 그 문제를 어떻게 해결하는지에 대한 해법(approach)을 기술한다. 그리고 마지막으로 연구 결과(results) 및 검증에 대해 설명한다. 몇 개의 예제를 통해 살펴보자.

**예제 1**

(a)[Design patterns provide proven solutions for recurring design problems and their use often results in high quality software.] (b)[However, use of design patterns has been mostly manual depending largely on the knowledge and experience of the developer about patterns, which has been a major obstacle in pattern use.] (c)[The existing work on design patterns focuses on identification of pattern instances and does not address pattern application.] (d)[This paper describes a systematic approach for applying a design pattern to an application model to improve design quality. In this approach, we define a design pattern in terms of problem specification, solution specification, and transformation specification. An application model without design patterns is evaluated for pattern applicability against the problem specification. If the pattern is applicable, the transformation specification applied to the problem model based on the solution specification. The resulting model is a solution model conforming to the solution specification.] (e)[We evaluate the cost-effectiveness of the approach by developing applying it in three case studies. The evaluation results show that the presented reduces 32% of development cost, which is statically proven valid.] -- [Kim, 2013]

---

위의 초록에서 (a)는 연구 동기, (b)는 해결하고자 하는 문제, (c)는 관련 연구, (d)는 연구 방법, 그리고 (e)는 결과에 대한 검증을 설명한다. 간혹 이와 같은 구조의 명확한 구별을 요구하는 저널도 있다. 다음 예제를 보자.

**예제 2**

---

**Context**: Design patterns provide proven solutions for recurring design problems and their use often results in high quality software. However, use of design patterns has been mostly manual depending largely on the knowledge and experience of the developer about patterns, which has been a major obstacle in pattern use. The existing work on design patterns focuses on identification of pattern instances and does not address pattern application.
**Objective**: This paper describes an approach to systematically applying design patterns to application models to improve design quality.
**Method**: In this approach, we define a design pattern in terms of problem specification, solution specification, and transformation specification. An application model without design patterns is evaluated for pattern applicability against the problem specification. If the pattern is applicable, the transformation specification applied to the problem model based on the solution specification. The resulting model is a solution model conforming to the solution specification. We evaluate the cost-

effectiveness of the approach by developing applying it in three case studies.
**Results**: The evaluation results show that the presented reduces 32% of development cost, which is statically proven valid.
**Conclusion**: The problem domain, solution domain, and transformation rules of a design pattern enable its systematic application to a software system to improve design quality. The presented approach has proved the feasibility of systematic design pattern application.

이 예제에서는 각 항목이 명확하게 구분되어 있다. 초록은 논문의 내용을 처음 소개하는 얼굴과도 같다. 또한, 독자들이 가장 먼저 읽어보는 항목이기도 하다. 따라서 초록의 체계성과 명확성이 떨어지면 그 논문에 대한 흥미도 떨어지게 된다. 무엇보다 간결하고 쉽게 쓰는 것이 중요하다. 만약 누군가 "연구하는 것이 무엇인가요?" 라고 묻는다면 간단명료하게 설명할 수 있어야 하는데 그것이 바로 초록이다.

## 2.4 서론 (Introduction)

서론은 연구의 동기, 해결하고자 하는 문제, 관련 연구, 문제 해결을 위한 연구 방법, 실험 결과 등 논문의 전반적인 내용을 설명한다. 따라서 논문을 심사할 때 가장 집중해서 보는 부분이다. 서론을 보고 논문에 대한 전반적인 느낌을 가지며 서론에 대한 인상이 부정적인 경우 선입견을 갖고 논문을 대하게 된다. 그만큼 서론이 중요하고 또한 쓰기도 어렵다. 아마도 가장 쓰기 어려운 부문이 아닐까 한다. 하지만 서론의 구조를 잘 이해하면 많은 도움이 된다.

서론은 초록의 확장된 버전(version)이라고 볼 수 있다. 따라서 초록과 유사한 구조를 가진다. 일반적 구조는 다음과 같다.

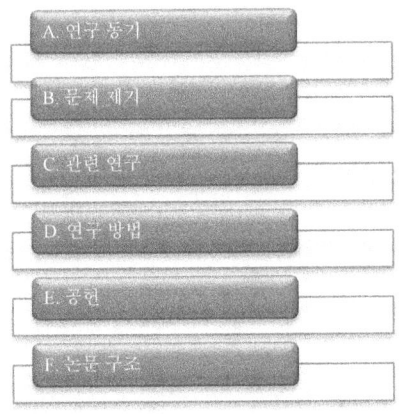

그림 2.4.1 서론 구조

다음은 서론의 예제이다.

## 예제

[Software systems evolve throughout their life-cycle through changes made for various purposes such as correcting errors, improving performance, adapting the system to a new platform, and adding new functionality. For efficient accommodation of such changes, systems should be designed to be flexible, scalable, and maintainable. Design patterns (e.g., see [12, 38]) are commonly used reusable design artifacts providing proven solutions built upon experience for recurring design problems. A study shows that use of design patterns often results in high quality software that is more extendible and maintainable [33].]
<- 연구 동기]

[Pattern use in development has been limited for many reasons. First of all, developers are required to have experience and knowledge about design patterns at the level where they can determine what patterns to use for a given problem and how to realize patterns in the model. However, due to the abstraction and ambiguities in the prevailing pattern descriptions, it becomes a challenge for those who do not have much experience with design patterns to use patterns. Improper pattern use may make the development more complex and compromise system quality.]
<- 연구 문제

[The existing work (e.g., see [9, 25, 28]) on design patterns focuses on formalizing pattern properties, while leaving checking pattern applicability, incorporating pattern properties, and evaluating solution conformance largely unaddressed which are required for systematic pattern use. The existing tools support design patterns only at the implementation level where high complexity is involved due to implementation details. Design patterns, however, should be used at the design level where they are originally defined and intended to be used. The high-level abstraction at the design level allows one to better understand design patterns without implementation details.] <- 관련 연구

[To address the above issues, we present an approach that enables systematic application of design patterns at the design level and tool support for the approach. In the approach, we define a design pattern in terms of three components – problem specification, solution specification, and transformation specification. A problem specification captures the problem domain of design pattern by characterizing the problem models in the domain. Similarly, a solution specification captures the solution domain of a design pattern by characterizing the solution models. A transformation specification defines a mapping between problem domain and solution domain and describes how a problem model should be transformed to a solution model. The three components together define a set of pairs of problem models and solution models which are related via causal relationships established by transformation. An application model without design patterns is considered to be a candidate problem model and checked for pattern applicability against the problem specification of the pattern. Successful evaluation of pattern applicability results in a binding between the elements of the problem model and the roles in the problem specification, which are grounds for transformation. Based on the resulting binding, the transformation specification of the pattern is instantiated in the context of the problem model and applied to the problem model, which leads to a solution model conforming to the solution specification of the pattern. We use the Role-Based Metamodeling Language (RBML), a sub-language of the UML developed in our previous work [11, 16] for specifying design patterns. To demonstrate the approach, we use the Visitor design pattern [12] and a distributed monitoring system. We evaluate the cost-effectiveness of the approach by applying it to three case studies. The evaluation results show that the presented reduces 32% of development cost, which is statically proven valid.] <- 연구 방법

[In summary, major contributions of this work are that 1) the presented approach enables systematic use of design patterns from checking pattern applicability via applying transformation to evaluating solution conformance and 2) tool support demonstrates an extent to which pattern use can be automated in development.] <- 연구 공헌

[The remainder of the paper is organized as follows. Section 2 discusses an overview of related work on model transformation and pattern formalization. Section 3 gives an overview of the RBML. Section 4 describes mapping of problem domain and solution domain and refactoring techniques. Section 5 presents tool support for evaluating pattern applicability and conformance and applying transformation. Section 6 presents a pattern specification of the Visitor design pattern. Section 7 demonstrates the approach by applying the Visitor pattern to a distributed monitoring system. Section 8 concludes the paper.] <- 논문 구조

이 예제는 Section 3 에 나온 초록 예제 1 의 확장으로 초록과 유사한 문장들이 나온다. 항목별로 어떻게 확장되었는지 살펴보자.

### 🌳 연구동기 (Motivation)

연구에서 해결하고자 하는 문제의 배경과 그 문제의 중요성에 대해 서술한다. 먼저 연구에 대해 배경을 설명하고 점차 범위를 좁혀 풀고자 하는 문제를 설명한다. 대부분의 연구는 구체적인 문제를 다루고 있다. 해당 분야에 경험이 많은 전문가들은 배경지식이 없어도 문제를 쉽게 이해할 수 있지만, 그 분야를 처음 접하는 초심자들은 쉽게 이해하기

어렵다. 따라서 배경을 설명하여 논문에 대한 이해와 흥미를 높일 수 있다. 먼저 초록 예제 1 을 보면 연구 동기에 대해 다음과 같이 설명하고 있다.

Design patterns provide proven solutions for recurring design problems and their use often results in high quality software.

내용을 살펴보면 디자인 패턴(design pattern)에 대해서만 간략하게 설명한다. 서론에서는 다음과 같이 확장한다.

(a)[Software systems evolve throughout their life-cycle through changes made for various purposes such as correcting errors, improving performance, adapting the system to a new platform, and adding new functionality.] (b)[For efficient accommodation of such changes, systems should be designed to be flexible, scalable, and maintainable.] (c)[Design patterns (e.g., see [12, 38]) are commonly used reusable design artifacts providing proven solutions built upon experience for recurring design problems.] (b)[A study shows that use of design patterns often results in high quality software that is more extendible and maintainable [33].]

먼저 (a)를 보면 "소프트웨어가 다양한 변화들로 인해 진화한다."라는 소프트웨어 분야의 특성을 설명한다. 이러한 특성은 그 분야의 전문가라면 누구나 쉽게 이해할 수 있는 부분이다. 다음으로 (b)는 "그러한 분야의 특성을 고려했을 때 소프트웨어가 변화를 효과적으로 수용할 수 있도록 디자인되어야 한다."라는 당위성을 주장한다. 그런 후 (c)와 (d)에서 초록 예제 1(a)와 유사한 문장으로 디자인 패턴에 대해 구체적으로 설명한다. 연구 동기는 연구의

정당성을 뒷받침하는 중요한 부분으로 종종 별도의
부문(section)에 설명하기도 한다.

## 🌳 연구 문제 (Problem Statement)

연구에서 풀고자 하는 문제를 서술한다. 초록 예제 1 을 보면
연구 문제에 대해 다음과 같이 설명한다.

---

However, use of design patterns has been mostly manual depending largely on the knowledge and experience of the developer about patterns, which has been a major obstacle in pattern use.

---

즉, "디자인 패턴을 사용하는 데 있어 대부분의 경우 개발자의 지식과 경험에 의지한 수작업으로 이루어지고 있고 이러한 수작업이 디자인 패턴 사용의 주된 걸림돌이다."라는 문제를 제기한다. 서론에서는 다음과 같이 구체적으로 설명한다.

---

Pattern use in development has been limited for many reasons. (a)[First of all, developers are required to have experience and knowledge about design patterns at the level where they can determine what patterns to use for a given problem and how to realize patterns in the model.] (b)[However, due to the abstraction and ambiguities in the prevailing pattern descriptions, it becomes a challenge for those who do not have much experience with design patterns to use patterns.] (c)[Improper pattern use may make the development more complex and compromise system quality.]

(a)에서는 개발자들이 수작업으로 해야 할 일들이 구체적으로 기술되어 있고, (b)에서는 그러한 일들이 추상적이고 모호한 패턴 설명서로 인해 경험이 부족한 개발자들에겐 어려운 일이라는 것을 지적하며, (c)에서는 그러한 어려움으로 인해 패턴이 잘못 사용됐을 경우 소프트웨어의 질이 떨어진다는 문제점을 결론적으로 제기한다. 초록과 비교했을 때 구체적이고 논리적이다.

### 🌳 관련 연구 (State of the Art)

관련 연구 조사는 해당 연구에서 해결하고자 하는 문제가 기존연구에서 해결하지 않은 문제임을 설명한다. 즉 기존 연구에 대해 해당 연구의 위치(position)를 찾는 것이다. 초록 예제 1 을 보면 관련 연구에 대해 다음과 같이 언급한다.

> The existing work on design patterns focuses on identification of pattern instances and does not address pattern application.

즉, 기존 연구는 패턴 사례(pattern instance)를 찾는 것에 집중하고 있으며 패턴 적용에 대해서는 연구가 거의 없음을 설명한다. 이를 서론에서는 다음과 같이 자세하게 설명한다.

> (a)[The existing work (e.g., see [9, 25, 28]) on design patterns focuses on formalizing pattern properties, while leaving checking pattern applicability, incorporating pattern properties, and evaluating solution conformance largely unaddressed which are required for systematic pattern use. ] (b)[The existing tools support design patterns only at the implementation level where high complexity is involved due to implementation details. Design patterns, however, should be used at the design level

> where they are originally defined and intended to be used. The high-level abstraction at the design level allows one to better understand design patterns without implementation details.]

(a)는 기존 연구가 주로 패턴 속성의 정형화에 집중되어있고 패턴의 체계적인 사용에 대해서는 거의 연구가 없음을 지적한다. (b)에서는 디자인 패턴과 관련된 도구들이 연구에서 지향하는 디자인 단계가 아닌 실행 단계를 위한 것임을 지적한다.

관련 연구를 설명할 때는 반드시 참고 문헌을 인용해야 한다. 위의 예제에서는 세 개의 참고 문헌을 인용했다. 관련 연구가 많을 경우 "e.g."를 사용하여 대표 연구 몇 가지만 참고하기도 한다. 예를 들어 (e.g., see [9, 25, 28])와 같이 쓸 수 있다. "e.g."에 관해선 이후 표현을 설명할 때 자세히 다루도록 하겠다.

### 🌳 연구 방법 (Approach)

논문에서 제기된 문제를 어떻게 해결하는지 설명한다. 설명은 연역적(deductive) 방식이 효과적이다. 즉, 첫 문장에서 내용의 핵심을 설명하고 이후에 자세한 내용을 설명한다. 핵심 내용이 앞에 나옴으로써 전달하고자 하는 내용이 명확해지고 이후에 문장들을 풀어나가기가 쉽다. 다음은 초록 예제 1 에 기술된 연구 방법이다.

> This paper describes a systematic approach for applying a design pattern to an application model to improve design quality. In this approach, we define a design pattern in terms of problem specification, solution specification, and transformation

specification. An application model without design patterns is evaluated for pattern applicability against the problem specification. If the pattern is applicable, the transformation specification applied to the problem model based on the solution specification. The resulting model is a solution model conforming to the solution specification.

이 문단 역시 연역적 방식으로 되어있다. 첫 문장에서 내용의 핵심을 설명하고 이후 문장에서 부연설명을 한다. 서론에서는 다음과 같이 확장할 수 있다.

(a)[To address the above issues, we present an approach that enables systematic application of design patterns at the design level and tool support for the approach.] (b) [In the approach, we define a design pattern in terms of three components – problem specification, solution specification, and transformation specification. A problem specification captures the problem domain of design pattern by characterizing the problem models in the domain. Similarly, a solution specification captures the solution domain of a design pattern by characterizing the solution models. A transformation specification defines a mapping between problem domain and solution domain and describes how a problem model should be transformed to a solution model. The three components together define a set of pairs of problem models and solution models which are related via causal relationships established by transformation. An application model without design patterns is considered to be a candidate problem model and checked for pattern applicability against the problem specification of the pattern. Successful evaluation of pattern applicability results in a binding between the elements of the problem model and the roles in the problem specification, which are grounds for transformation. Based on the resulting binding, the transformation specification of the pattern is instantiated in the context of the problem model and applied to the problem model, which leads to a solution model conforming to the solution specification of the pattern. We use the Role-Based Metamodeling Language (RBML), a sub-language of the UML developed in our previous work [11, 16] for specifying design patterns. To demonstrate the approach, we use the Visitor design pattern [12] and a distributed monitoring system.] (c)[We evaluate the cost-effectiveness of the approach by applying it to three case studies. The evaluation results show that the presented reduces 32% of development cost, which is statically proven valid.]

서론에서도 역시 연역적 방식으로 기술하고 있다. (a)에서 연구 목적을 먼저 설명하고 (b)에서 구체적인 방식을 설명한다. (b)에서처럼 다른 연구의 기술이나 이론을 참고 할 경우 반드시 참고 문헌과 함께 인용해야 한다. (c)에서는 앞서 설명한 연구 방식을 적용한 실험 및 실험결과를 설명한다. 서론에서는 논문의 전반적인 내용을 이해할 수 있도록 간결하고 명확하게 기술하는 것이 중요하다. 구체적 내용은 이후 별도의 연구 방법 부문에서 설명한다. 축약어(acronym)는 처음 소개할 때 전체 단어들과 함께 써준다. 예를 들어 위의 문장에서 "RBML"의 약어가 처음 소개되고 그것을 의미하는 단어들이 함께 설명되었다. 약어가 많으면 이해도가 떨어질 수 있기 때문에 초록에서는 피하는 것이 좋다.

## 🌳 공헌 (Contribution)

연구 방법에 대한 설명이 끝나면 해당 연구가 공헌하는 것이 무엇인지 정리한다. 초록 예제 1에서는 공헌에 대한 정리를 따로 하지 않았다. 다음은 서론에서의 공헌 정리 예제이다.

In summary, major contributions of this work are that 1) the presented approach enables systematic use of design patterns from checking pattern applicability via applying transformation to evaluating solution conformance and 2) tool support demonstrates an extent to which pattern use can be automated in development.

이 예제에서는 공헌을 두 가지로 강조하고 있다. 첫 번째는 디자인 패턴의 체계적 사용을 가능하게 하는 것이고 두 번째는 그러한 체계적인 패턴사용을 지원해주는 도구의 개발을 강조하고 있다. 이렇게 연구의 강점을 정리해주면 논문에 대한 흥미와 기대를 더 해준다. 많은 저자가 공헌 요약 대해 간과하지만, 공헌 요약은 저자와 독자 둘 모두에게 긍정적이다. 저자에게는 연구의 강점을 다시 한 번 생각해 보는 기회를 제공하고 독자에게는 연구의 강점을 다시 한 번 이해하도록 도와준다.

### 🌸 논문 구조 (Paper Organization)

마지막으로 논문 구조를 설명한다. 논문에서 다루고 있는 각 항목에 대해 간결하게 설명한다. 다음 예를 보자.

The remainder of the paper is organized as follows. Section 2 discusses an overview of related work on model transformation and pattern formalization. Section 3 gives an overview of the RBML. Section 4 describes mapping of problem domain and solution domain and refactoring techniques. Section 5 presents tool support for evaluating pattern applicability and conformance and applying transformation. Section 6 presents a pattern specification of the Visitor design pattern. Section 7 demonstrates the approach by applying the Visitor pattern to a distributed monitoring system. Section 8 concludes the paper.

위 예제는 해당 논문이 여덟 개의 항목으로 구성되어있음을 설명한다. 각 부문을 "discuss", "give", "describe", "present", "demonstrate", "conclude"와 같은 단어를 이용하여 설명할 수 있다. 서론은 보통 한 장에서 한 장 반 정도 쓰는 것이 좋다. 너무 짧으면 내용이 부실한 듯한 느낌을 주고 반대로 너무 길면 정리되지 않은 인상을 준다.

### 🌳 유용한 표현

- "To address this issue (problem, concern)": 특정 문제에 대해 해결 방안을 제시할 때 쓴다.
- "In this work (approach, method, technique)": 연구를 설명할 때 쓴다.
- "Based on A, we describe B": A 라는 사실이나 이론을 근거로 B 를 설명할 때 쓴다. "on" 대신 "upon"을 쓰기도 한다. 둘 간의 차이는 거의 없지만 "upon"이 좀 더 격식있는 표현으로 사용된다.
- "We present (describe, introduce) an approach for": 연구 내용을 소개할 때 쓴다. "present" 대신 "describe", "introduce" 등을 쓰기도 한다. 때로는 "propose"를 사용하기도 하는데 논문은 제안서와는 성격이 달라 주의가 필요하다.

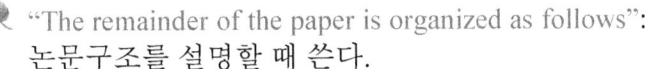

- "In summary": 내용을 정리할 때 사용한다.
- "The remainder of the paper is organized as follows": 논문구조를 설명할 때 쓴다.

## 2.5 연구 동기 (Motivation)

연구 동기는 초록에서 간략하게 언급되고 서론에서 좀 더 구체적으로 서술된다. 연구 동기가 구체적이거나 복잡한 경우 별도의 부문(section)을 추가하여 설명하기도 한다. 논문 심사에서 연구 동기에 대한 코멘트(comments)가 있을 경우 또한 연구 동기 부문을 추가하여 설명하면 효과적이다. 다음은 연구 동기 부문의 예이다.

그림 2.5.1 연구 동기 구성 요소

🌲 예제

[A successful realization of a smart grid relies on field data being accurately collected and consistently shared among involved entities. Significant data exchanges are involved between the substation level and the management level. The data flow from IEC 61850 to IEC 61970 (bottom-up) is concerned with sending field data to the IEC 61970 level for power management systems (e.g., SCADA systems, EMSs) to make appropriate decisions for efficient and safe use of power resources.

Bottom-up data can be categorized into static data and dynamic data. Static data includes configuration information of substation devices and topological and network communication information of substations, while dynamic data is runtime field data (e.g., phase values) from IEDs (also known as servers) during operation.

Field data collected at the power management level is used for efficient power use such as performing network modeling, simulating power operations, locating faults, preempting outages, and anticipating the energy need in the market. Based on collected data, an operation management system (i.e., a CIM application) supervises controls, optimizes, and manages power generation, transmission, and consumption.]<-배경 설명

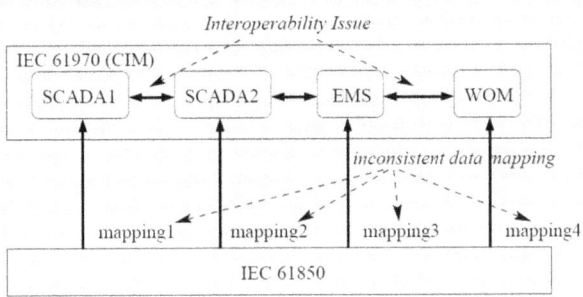

Figure 1. Data Mapping Inconsistency and Interoperability Issues

[Consistent data mapping is required in data exchange between IEC 61850 and IEC 61970 for interoperability of CIM applications. That is, the data mapping of one CIM application should be consistent with that of another application, so that they can have seamless data exchange for interoperability. The current practice, however, heavily relies on ad-hoc mappings differing application to application due to the lack of compatibility of IEC 61850 and IEC 61970. This consequently causes significant interoperability issues in CIM applications, for example the same entity in IEC 61850 is mapped to different entities in IEC 61970 in different CIM applications and the inconsistent mappings are communicated among CIM applications. Figure 1 illustrates the problem.]<- 연구 동기

위 예제의 경우 그림을 통해 연구 동기를 설명한다. 이처럼 그림이나 표를 이용하면 이해를 도울 수 있다. 또한, 문장 중간에 괄호를 사용하여 예제나 보충 설명을 해주면 효과적이다. 예를 들면 위 예제에서 (e.g., phase values)와 (also known as servers)가 있다. 이때 괄호 안의 내용이 너무 길지 않게 주의한다. 너무 길면 문맥이 끊기게 된다.

연구 동기 부문은 반드시 있어야 하는 것은 아니며 필요에 따라 선택적으로 추가할 수 있다. 일반적으로 연구 범위(scope)가 큰 저널 논문에서 자주 사용된다.

## 2.6  관련연구 (Related Work)

관련 연구 분석은 모든 논문에서 반드시 필요하다. 해당 연구에서 풀고자 하는 문제와 유사한 문제를 기존 연구에서 다루고 있는지 다뤘다면 해당 연구의 방법과 기존 연구 방법이 어떻게 다른지를 비교 분석하고 장단점을 기술한다. 필자가 논문심사 시 가장 중요하게 보는 부분이 관련 연구다. 아무리 잘 쓰인 논문일지라도 관련 연구 조사가 제대로 되어있지 않으면 그 연구의 업적을 알 수가 없다. 즉, 연구의 위치(position)를 파악할 수가 없다. 아무리 많은 시간과 노력을 기울인 연구라 해도 이미 유사한 연구가 존재한다면 해당 연구의 가치는 많이 퇴색하게 된다. 따라서 본격적인 연구를 진행하기에 앞서 관련 연구를 철저히 조사하는 작업은 필수적이다.

연구 초심자들은 기존 연구에 많은 영향을 받는다. 연구 진행 도중 유사한 연구를 찾게 되면 당황스럽고 진행하는 연구가 무의미하게 느껴지기도 한다. 때로는 기존 연구에 동화되어 연구가 비슷하게 닮아가기도 한다. 이는 경계해야 할 부분이다. 경험이 많지 않기에 비판의 시각도 부족하다. 이런 경우 지도교수나 경험이 많은 동료에게 자문을 받는 것이 좋다.

필자는 다음과 같이 조언하고 싶다. 많은 사람이 공통으로 인지하는 문제에 대하여 유사한 연구가 많은 것은 당연하다. 하지만 그 어떤 연구도 완벽할 수는 없다. 어느 연구든 장단점이 있다. 목적은 같아도 목적까지 도달하는 과정이 다르다. 그 다른 과정에서 장단점이 발생한다. 본인 연구와 기존 연구를 냉정하게 비교하여 단점은 보완하고 장점은 강화하여 연구를 진행하면 된다. 좌절해야 하는 상황이 아닌 연구를 한 단계 더 발전시키는 계기가 되는 것이다. 관련 연구의 중요성이 부각되는 부분이다.

관련 연구는 다양한 방식으로 기술할 수 있다. 관련 연구가 많지 않은 경우 각각의 연구를 하나씩 나열하여 설명할 수 있다. 여기서 한 가지 주의할 점은 단순 나열은 피하는 것이 좋다. 단순 나열을 할 경우 단편적인 분석이 되는 경향이 있고 설명 또한 지루해진다. 관련 연구를 나열할 때도 연구들을 서로 연결하여 설명하는 것이 이해의 폭도 넓히고 글의 흐름도 좋아진다.

관련 연구가 많을 경우 일일이 모두 나열할 수 없다. 이런 경우 연구의 특성들을 모아 항목(category)별로 구분하여 설명하면 효과적이다. 각 항목마다 특성을 기술하고 대표 연구 예제 몇 개를 설명한다. 또한, 각 항목 내의 연구들을 서로 연결하여 분석하고 카테고리 간의 연관성도 분석한다.

관련 연구의 분석뿐 아니라 관련 연구가 저자들의 연구와 어떻게 관련돼 있는지도 명확하게 설명한다. 유사한 기존 연구는 심도 있게 비교 분석한다. 그러한 분석을 통해 해당 연구의 업적(novel contribution)이 명확해진다. 논문심사 시 탈락하는 가장 큰 이유 역시 업적(novelty)의 부족이다. 저자들의 이전 연구 역시 관련 연구에 포함되어야 한다.

논문 심사 시 종종 관련 연구가 누락됐다는 의견이 나온다. 이는 저자와 심사위원 간의 시각차이에서 생기는 것으로 크게 문제 되지 않는다. 다만 중요한 관련 연구가 누락되지 않도록 주의한다. 관련 연구에 대한 몇 가지 예를 살펴보자.

🌳 예제 1

There is some work on code refactoring. Banerjee and Kim classify schema changes (refactorings) with invariants for evolution of object-oriented database systems [3]. (a) [Based on Banerjee and Kim's work]<-연결 문, Opdyke proposed a set of invariants for preserving behavior and identified enabling conditions to preserve the invariants [23]. Bergstein proposed a set of object-preserving class transformations that preserve the input and output of a program and the methods defined in the program [4]. (b)[The code refactoring effort has been extended by using design patterns.]<-연결 문 Tokuda and Batory expressed a design pattern as a composition of primitive program transformations and demonstrated automation of patter-based program refactoring [31].

이 예제는 첫 문장에서 설명하듯 관련 연구가 많지 않은 경우이다. 네 개의 관련 연구를 분석하고 각 연구를 개별적으로 설명하고 있다. 개별적 설명을 연결문을 통해 서로 연관시켰다. 다음은 관련 연구가 많은 예이다.

### 예제 2

There have been a number of approaches proposed for model transformation including the official proposals to the QVT RFP. (a)These approaches can be classified into declarative approaches, imperative approaches, and hybrid approaches by the way of specifying transformation. (b)[Declarative approaches (e.g., [1, 30]) define a relation between the elements of source modeling language and the elements of target modeling language, specifying *what* changes to be made in source models.] Popular formalisms used in declarative approaches include logic programming (e.g., [13]) and graph transformation (e.g., [2]). By the nature of mathematical relations, these approaches are suitable for multi-directional transformations [24]. (c)[Imperative approaches (e.g., [32, 43]) define operational rules describing *how* the target model is derived from a source model.] An advantage of these approaches is that it is easy to automate transformations. (d)[Hybrid approaches (e.g., [5, 34]) use declarative relations and refine them into operational rules.] (e)[Our approach can be viewed as a hybrid approach where transformation is described in terms of binding rules and transformation rules which correspond to declarative relations and operational rules, respectively.]

위의 첫 문장을 보면 관련 연구가 많음을 알 수 있다. 문장 (a)에서 관련 연구를 세 개의 항목으로 구분한다. 그리고 각 항목을 (b), (c), (d)에서 대표 연구와 함께 설명한다. 여러 개의 참고문헌을 나열할 경우 번호순으로 나열한다. (e)에서는 기존 연구와 저자들의 연구가 어떻게 관련이 있는지를 설명하고 있다.

관련 연구를 기술하는 데 있어 주의해야 할 것은 기존의 연구를 무조건 비판해서는 안 된다는 것이다. 기존 연구의 장점이 있으면 장점도 설명하고 단점에 대해서는 근거를 바탕으로 지나치지 않는 범위 내에서 비판한다. 또 한 가지 주의할 것은 기존 연구의 단점을 지적하는 데 있어 저자들의 연구에는 그 단점이 없어야 한다. 남의 단점을 지적하면서 본인도 그 단점이 있다면 모순이다. 또한, 기존 연구를 과하게 비판할 경우 독자나 심사위원으로 하여금 반감을 살 수 있다. 다음 몇 가지 예를 보자.

🌲 예제 3

There has been considerable work on formalizing design patterns (e.g., see [9, 25, 28]). Exemplary work includes the work by Mikkonen [28] proposing DisCo, a pattern specification notation based on the Temporal Logic of Actions [24], the work by Eden [9] proposing LePus, a notation for specifying pattern properties, and the work by Lano *et al.* [25] specifying design patterns using an extension of the object calculus [10]. (a) While formal notations enable precise and analyzable pattern specifications, the mathematics-based formalisms make the tasks of creating and evolving the resulting pattern specifications difficult.

위 예제의 (a)를 보면 "while"을 사용하여 장점을 먼저 언급한 후 단점을 언급하고 있다. 이렇게 장단점을 동시에 평가하여 좀 더 객관적인 평가로 보일 수 있다. 또 다른 예를 보자.

## 예제 4

More recently, there has been work (e.g., [15, 27]) on using the UML to describe design patterns. Lauder and Kent [27] proposed graphical constraint diagrams based on the UML to precisely represent design patterns. In their work, pattern realization is viewed as a refinement process in which a high-level pattern description is refined into a model realization. (a) Although the graphical constraints are appealing, they are not integrated with the UML, and it is not clear how tools can support the notation. Based on the work by Eden [9], Guennec *et al.* [15] proposed a UML-based metamodeling approach to specify design patterns in terms of *meta-collaborations* which consist of roles that are played by instances of UML metamodel classes. (b) However, they do not address the behavioral aspects of design patterns.

Zdun and Avgeriou [44] use UML profiles to define architectural patterns. In their work, a set of software architectures is analyzed to find commonalities which are described in terms of pattern primitives. Pattern primitives are defined as stereotypes and mapped to architectural building blocks (e.g., components, connectors) of application. Similar to Zdun and Avgeriou's work, Dong et al. [8] use UML profiles to define pattern elements (pattern classes, operations, attributes) as stereotypes with a tagged value. (c) Stereotypes are used during modeling to visualize model elements that participate in the pattern. (d) Their pattern specifications, however, do not take into account the relationships of pattern elements which are an important part of pattern semantics.

---

이 예제 역시 (a)를 보면 "although"를 사용하여 장점을 먼저 언급하고 단점을 언급하고 있다. (b)에서는 장점의 언급은 없으나 사실을 기반으로 간결하고 과하지 않게 비판하고 있다. (c) 역시 (b)와 마찬가지로 사실을 바탕으로 적절하게 단점을 지적한다.

관련 연구 부문은 저자의 선호에 따라 논문 앞에 넣기도 하고 뒤에 넣기도 한다. 필자는 앞에 넣는 것을 선호한다. 이유는 관련 연구를 앞에 놓음으로써 심사위원이나 독자들에게 기존 연구에 대한 해당 연구의 위치(position)를 명확히 할 수 있기 때문이다. 또한, 관련 연구의 설명이 많은 전문용어(jargons)를 포함한다면 그 용어들이 논문 본문에서 먼저 소개되어 이후 관련 연구를 읽을 때 좀 더 쉽게 이해할 수 있다. 관련 연구를 논문 뒤에 넣을 경우 보통 결론(Conclusion) 앞에 넣는다.

다음은 관련 연구 분석의 예이다.

### 예제 5

There has been much work on detecting pattern instances in code (e.g., see [2, 5, 10, 15]). Albin-Amiot and Gu´eh´eneuc [2] propose a meta-modeling approach to define and detect design patterns in Java code by structural matching. Balanyi and Ference [5] use a XML-based language to represent design patterns and detect pattern instances in C++ code. Fabry and Mens [10] use logic meta programming to detect design patterns in different languages (e.g., Java, Smalltalk). Heuzeroth et al. define design patterns in a tuple of classes, methods, and attributes and use them to find pattern instances in Java code using pattern-specific algorithms. (a) These works support the reverse engineering efforts at the programming level for understanding legacy systems and improving their quality attributes. (b) In our previous work, we proposed the RBML notation to specify the solution domain of a design pattern [19–21,27,28], and developed tool support for generating a UML model from an RBML specification [29].

먼저 (a)를 보면 "support"를 써서 기존 연구의 장점을 기술하고 있다. 하지만 그 이면엔 기존 연구가 해당 연구와 목적은 비슷하지만 적용되는 분야와 레벨(level)이 다름을 간접적으로 비교하고 있다.

관련 연구를 조사는 저자들 자신의 이전 연구도 포함된다. 유사한 연구를 이전에 발표했다면 해당 연구와의 연관성을 설명해야 한다. 그렇지 않을 경우 자기 표절(self-plagiarism)이 될 수 있다. 다음 예제를 보자.

> In our previous work, we proposed the RBML notation to specify the solution domain of a design pattern [19–21,27,28], and developed tool support for generating a UML model from an RBML specification [29].

"In our previous work"를 사용하여 저자의 이전 관련 연구를 설명하고 있다.

## 🌳 유용한 표현

> - "There has been only a little work (a few studies) on": 기존 연구가 적을 때 쓴다.
> - "There has been considerable (significant, much) work on": 기존 연구가 많을 때 쓴다.
> - "Several researchers have studied on (looked into)": 기존 연구가 조금 있을 때 쓴다.
> - "(e.g., see [1, 2, 3])": "e.g."는 "exempli gratia"라는 라틴(Latin)어의 약자로써 예를 들 때 쓴다. 가령 몇몇 대표 연구를 나열할 때 쓴다. 대표 연구를 선택할 때는 인용이 가장 많이 된 논문, 저널 논문, 가장 최근 논문 등을 중심으로 선택한다. 만약 같은 저자가 비슷한 내용을 학회와 저널에 둘 다 출판했다면 저널 논문을 참고한다.
> - "A focus on B": 관련 연구 또는 저자의 연구가 B에 집중함을 설명할 때 쓴다. "Only"와 함께 비판의 의미로 사용하기도 하고 저자의 연구 내용을 강조하기 위해 사용하기도 한다.
> - "While A, B (B, while A)": 관련 연구에 대해 장점 A와 약점 B를 동시에 평가할 때 쓴다. 위치를 바꿔 "B, while A"로 쓰기도 한다. 이때 while 에 앞에 콤마(,)가 붙는다.

- "Although A, B (B, although A)": "while"과 유사하게 사용된다.
- "However": 사실을 기술한 후, 비판적 의견으로 전환할 때 쓴다. 주어(비판의 대상)를 강조하고 싶을 때는 주어를 however 앞에 놓기도 한다 (관련 연구 예제 4(c) 참조).
- "A due to B": A에 대한 원인이 B일 때 사용한다.
- "A allows (enables, supports) B": A의 장점을 설명할 때 쓴다.
- "A is relevant (related) to B": A와 B의 관련성을 설명할 때 쓴다.
- "The existing work can be categorized (divided) into A, B, and C": 기존 연구를 그룹 지어 설명할 때 쓴다.
- "The existing work is twofold (threefold, etc.).": 기존 연구를 두 개의 그룹으로 설명할 때 쓴다. "threefold"도 자주 쓰인다. 그 이상은 잘 쓰이지 않는다.
- "Similar to our approach,": 기존 연구를 본인의 연구와 연관시킬 때 쓴다.
- "Unlike (Different from) A, B is": A와 B를 차별화할 때 사용한다.
- "*et al.*": 참고 문헌의 저자가 둘 이상인 경우 첫 번째 저자만 쓰고 나머지 저자들은 "*et al.*"로 표현한다. "*et al.*"은 "*et alii*"라는 라틴어의 준말로 "그 밖의"라는 의미를 나타낸다. 일반적으로 흘림체(italic)로 표현한다. 저자가 둘일 경우 둘 다 써준다. 저자의 이름을 쓸 때는 성(last name)만 쓴다. 다음 예제를 보자.

저자가 둘인 경우

Balanyi and Ference [5] use an XML-based language to represent design patterns and detect pattern instances in C++ code.

저자가 둘 이상인 경우

Guennec *et al.* [15] proposed a UML-based metamodeling approach to specify design patterns in terms of *meta-collaborations* which consist of roles that are played by instances of UML metamodel classes.

참고 문헌은 위의 예제들처럼 저자 이름 뒤에 붙이기도 하고 문장 끝에 붙이기도 한다. 저자 이름 뒤에 붙일 경우 좀 더 뚜렷해지는 반면 문장을 읽을 때 눈에 걸리는 단점이 있고 문장 끝에 붙일 경우 모호해지는 단점이 있다. 다음 예를 보자.

Fabry and Mens [10] use logic meta-programming to detect design patterns in Smalltalk [5].

여기서 [5]는 Smalltalk 의 참고 문헌이다. 만약 [10]을 문장 끝에 놓는다면 [5]와 혼동된다. 필자는 위와 같은 경우로 인해 저자 뒤에 넣는 것을 선호한다.

## 2.7 배경 (Background)

논문은 "self-containment"이어야 한다. 즉, 논문을 이해하기 위한 설명들이 논문 안에 모두 들어 있어야 한다는 것이다. 그래서 많은 논문이 배경(Background) 부문을 포함하고 있다. 배경 부문에는 논문을 이해하는 데 필요한 전반적인 제반 지식을 설명한다. 예를 들어 관련 분야 지식(domain knowledge)이나 논문에서 사용된 기존 연구의 기술(techniques), 방법(methods), 이론(theories) 등에 대해서 설명한다.

그림 2.7.1 배경 특성

배경 부문을 관련 연구 부문과 혼동하기도 한다. 배경 부문에서 언급되는 연구가 관련 연구 부문에서도 언급될 수 있다. 하지만 목적이 다르다. 관련 연구에서는 장단점 분석을 목적으로 하지만 배경지식에서는 그 연구 자체에 대한 이해를 목적으로 한다. 따라서 다른 관점으로 설명해야 한다. 만약 연구가 저자들의 이전 연구를 바탕으로 한다면 그 역시 배경지식에 들어간다. 그 밖에 국소적인 배경지식은 필요할 때마다 논문 전개 중간에 기술할 수 있다. 다음 예제를 보자.

## 🌳 예제 1

(a) We use the Role-Based Metamodeling Language (RBML) to define design patterns. The RBML is a UML-based pattern specification language developed in our previous work [11, 16] to precisely specify design patterns. We use the RBML to specify both the problem and solution domains of a design pattern. The RBML defines a design pattern in terms of roles [18] at the metamodel level. A role is a set of constraints defined on a base UML metaclass. Only the instances of the base metaclass that satisfy the constraints are said to play the role. There are two types of constraints, metamodel-level constraints and constraint templates. Metamodel-level constraints define well-formedness rules on the base metaclass of a role, and constraint templates define properties of model elements such as pre and post-conditions and invariants that a conforming model must satisfy. Only the instances of the base metaclass that satisfy these constraints can play the role.

이 예제는 RBML 이란 언어에 대해 설명한다. 이 설명은 앞서 살펴본 서론 예제의 다음 문장과 일맥상통한다.

We use the Role-Based Metamodeling Language (RBML), a sub-language of the UML developed in our previous work [11, 16] for specifying design patterns.

위 문장에서 저자들은 해당 연구에서 RBML 를 사용을 언급한다. 이에 부합해 배경 부문에서 RBML 에 대한 설명을 해주는 것이다. (a)의 문장은 서론에 있는 문장보다 훨씬 구체적이며 이후의 부연 설명 또한 자세하게 이루어지고 있다. 여기서 주의할 것은 지나친 설명은 피해야 한다는 것이다. 논문에서 다루는 내용에 한해 개념적으로 설명하는 것이 좋다. 지나치게 지세한 설명은 논문을 지루하게 만들고 전달력도 떨어뜨린다. 구체적 내용은 필요에 따라 본문에서 그때그때 설명해주는 것이 효과적이다. 배경 부문은 학회지 논문인 경우 보통 한 페이지, 저널인 경우 2~3 페이지 정도가 적절하다. 독자가 더 찾아볼 수 있도록 반드시 참고 문헌을 제공하는 것도 잊지 말아야 한다.

다음은 서비스 로봇(service robot)의 소프트웨어 구조(software architecture)에 대한 배경 설명의 예이다.

### 🌳 예제 2

(a) [The service robot domain has the following architectural nature [10], [11], [12], [13]: 1) Process-intensive components such as control, vision, and speech components may be run on off-board; 2) There exists a dedicated channel for message exchanging among components. For components as black-box, message exchanging is usually the only method for interaction and often heavy in traffic, which requires a dedicated message channel logging each message; 3) Component platforms (e.g., Linux, Windows) are heterogeneous.] <-구조 특성 설명

(b) [In the domain, a service is provided to carry out a particular user goal. From a system perspective, a service is carried out by a set of functions, each having unique functionality and can be reused in other services.] <-서비스 설명

(c) [Due to the concurrent nature of the domain, functions can be executed concurrently, which makes the sequence of their execution partially ordered. For instance, the patrolling service provided by a simple surveillance robot may consist of a wandering function and an intrusion detection function which are to be executed concurrently. A function is defined in terms of message calls among components. Messages in the service robot domain carry very limited information as the interface of components is designed to be simple since it is usually not known what components to be used together.]<-함수 설명

(d) [The common information carried in a message includes sender, receiver, time stamp, context captured in its name, and parameter types and values being passed. Some components expose type only, value only, or both. Because of the inconsistency, we do not consider parameter types and values in this work.]<-연구 범위 한정

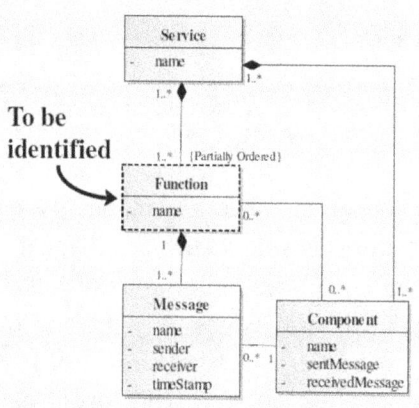

Figure 1.   Behavioral Architecture

(e) [Messages defining a function are in an invocation sequence which must be preserved throughout system operation. For instance, the wandering function in the surveillance robot may be defined in terms of the *getCurrentPosition()*, *currentPosition()*, and *path()* messages to be invoked in sequence. Function messages interleave each other when functions are executed concurrently. That is, the message sequence of one function may interleave that of the same function or another function while their respective sequence is preserved. Such an interleaving behavior is common in the service robot domain, which makes it difficult to identify functions. Figure 1 shows the behavioral architecture of the service robot domain.] <-메시지 설명

위 예제는 서비스 로봇 분야를 네 가지 측면에서 설명하고 있다. 먼저 (a)는 서비스 로봇의 소프트웨어 구조 특성을 설명하고, (b)는 논문의 주제인 서비스에 대한 개념을 설명하고, (c)는 서비스를 구성하는 함수에 대해서 설명하며 (e)는 함수를 구성하는 메시지에 대해 설명하고 있다. 즉 서비스 -> 함수 -> 메시지 순으로 점차 내용을 구체화 시키면서 설명하고 있다. 이런 방식은 독자들의 집중력을 높이는 데 도움이 된다. 또한 (d)에서 배경 지식과 관련하여 연구 범위를 한정해주고 있다. 이렇게 연구 범위를 한정하면 연구에 대한 명확성이 높아진다. 배경 지식 부문은 반드시 필요한 것은 아니며 필요에 따라 추가할 수 있다.

이 부문은 해당 연구의 연구 방법을 기술하는 부문으로 다른 부문과 달리 연구의 성격에 따라 다양한 방식으로 기술될 수 있다.

## 2.8 연구 방법 (Approach)

연구 방법은 논문의 주된 부문으로 논문에서 제안하는 연구 해법에 대해 설명한다. 연구 분야와 성격에 따라 다양하게 전개될 수 있다. 따라서 일반적 구성은 없다. 다만 흔히 사용되는 구성 요소들에 대해서 알아보자. 다음은 자주 사용되는 구성요소들이다.

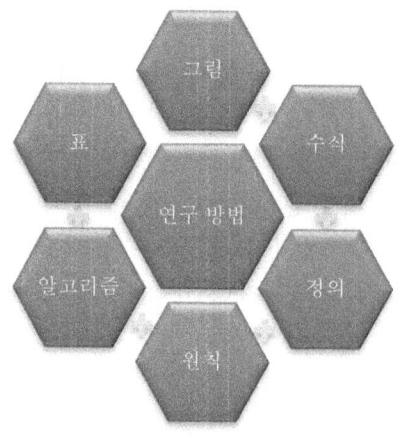

그림 2.8.1 연구 방법 구성 요소

🌳 **개요 (Overview)**

연구 방법은 분야와 연구 성격에 따라 다양하고 복잡하게 전개될 수 있다. 전개가 복잡할 경우 전체적인 흐름의 파악이 어려울 수 있다. 이런 경우 본문에 앞서 연구 방법에 대한 개요(overview)를 설명하면 도움이 된다. 특히 그림과 같은 시각적 요소를 사용하면 효과적이다. 다음 예를 보자.

**예제**

## 나도 영어 논문 써볼까?

The presented approach aims at facilitating systematic development of RBAC systems that are specifically configured for given requirements. Figure 3 illustrates the approach.

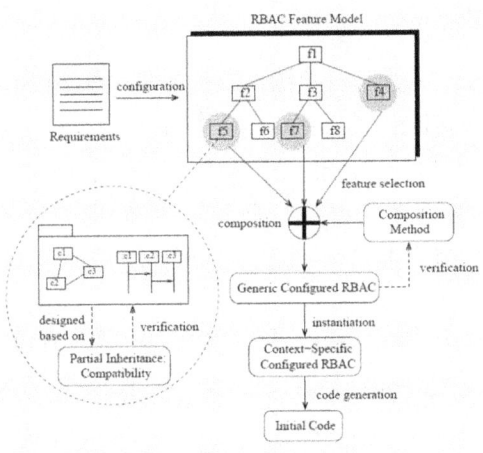

Figure 3: An Overview of the Approach

(a) [In the approach, RBAC is viewed as an access control pattern involving a set of features. Feature modeling is used to capture features and their configuration rules. Features are structured into a core feature and non-core features. Non-core features are designed to inherit partial properties from the core feature that are needed to carry out their functions. In this way, feature design becomes simpler and as such feature composition becomes easier. This is called partial inheritance.] <- 개요 설명

이 예제에서는 연구의 개요를 그림과 함께 설명하고 있다. 그림을 보면 연구가 단계별로 진행됨을 한눈에 볼 수 있다.

또한, 이를 바탕으로 이후 본문에서 연구 방법이 단계별로 설명될 것임을 예상할 수 있다.

연구 방법을 설명할 때 사용되는 요소들에 대해 알아보자.

### 🌳 그림 (Figures)

이공계 논문은 계열의 특성상 그림이 많이 들어간다. 모든 그림은 빠짐없이 설명해주어야 한다. 그림에 대한 설명은 그림보다 먼저 한다. 설명보다 그림이 먼저 나오게 되면 그 그림이 무엇에 관한 것인지 모르기 때문에 논문의 흐름이 끊기게 된다. 예외적으로 형식(format)을 위해 그림을 먼저 보여주기도 한다. 예를 들어 그림이 다음 페이지로 밀린다든지 하는 경우 그림을 앞으로 옮기고 설명을 나중에 하기도 한다. 각 그림마다 식별자(label)와 주석(caption)을 붙이고 식별자를 이용하여 설명한다. 식별자와 주석은 그림 밑에 표시된다.

그림은 연역적 방식과 귀납적 방식으로 설명될 수 있다. 연역적 방식은 그림 소개를 먼저하고 이후에 그림을 설명하는 방식이고 귀납적 방식은 그림과 관련한 내용을 먼저 설명하고 이후에 그림을 소개하는 방식이다. 보통 연역적 방식이 주로 쓰이나 귀납적 방식이 효과적일 때도 있다. 예를 들어 이전 문단의 흐름을 이어받아 자연스럽게 그림의 내용과 연결할 수 있을 때 사용하면 효과적이다.

그림을 사용할 때는 해상도(resolution)와 너무 낮거나 글자 크기(font size)가 너무 작지 않도록 주의한다. 학회지 논문은 페이지 제한이 있어 종종 그림을 줄여야 하는 경우가 있는데 이때 해상도와 글자 크기가 너무 작으면 그림 식별이 어렵다. 그림 설명에 대한 몇 가지 예를 보자.

## 예제 1

[Figure 11 shows a prohibited break transformation.]<- 그림 소개 [In the figure, the problem model has messages *m1()* and *m2()* where *m2()* is defined in a *break* fragment. *m1()* is bound to the |*sm1()* role in the solution IPS via the |*pm()* role in the problem IPS. The solution IPS has another message role |*sm2()* which is not bound to any element, and thus to be instantiated. The instance may be placed anywhere after the *m1()* message playing the |*sm1()* role. However, the instance is not allowed to be placed within the *break* fragment as the message might not be invoked if the guard condition *c* of the fragment is triggered, which violates the pattern behavior.]<- 그림 설명

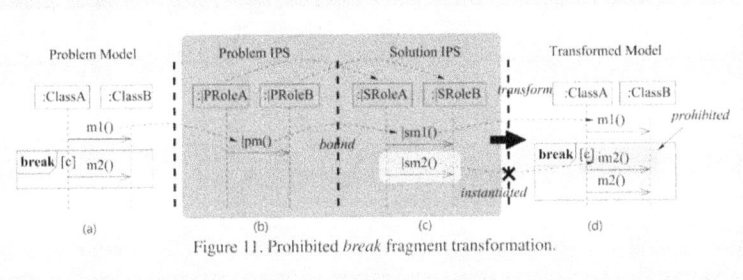

Figure 11. Prohibited *break* fragment transformation.

위의 예제는 연역적 방식으로 설명하고 있다. 먼저 그림에 대한 소개가 먼저 나오고 이후에 설명이 나온다. 간혹 한 그림 안에 여러 개의 하위(sub) 그림이 들어가는 경우가 있다. 이런 경우 그림마다 따로 식별자를 붙여주는 것이 좋다. 그렇게 함으로써 그림마다 설명이 수월해진다. 예를 들어 Figure 11 의 각 하위 그림의 (a), (b), (c), (d) 식별자를 문장에서 "Figure 11(a)", "Figure 11(b)" 와 같이 참조할 수 있다. 그림에 나오는 항목을 언급할 때 흘림체 (italic)로 표시해 일반문장과 구별해주면 가독성(readability)이

좋아진다. 예를 들어 위의 예제에서 m1(), m2()와 같이 그림 11에 나오는 항목을 흘림체로 구분했다.

## 예제 2

[As a pre-process, we assign an identifier to each message that has a unique combination of sender, receiver, and message name. The approach consists of two phases: finding function candidates and refining found candidates. In the first phase, input logs are analyzed for initial candidates by observing message sequences. The found candidates are then confirmed by functional dependencies and further refined using call chain and message context. ]<- 그림 설명 (a)[Figure 2 shows an overview of the approach [12].]<- 그림 소개

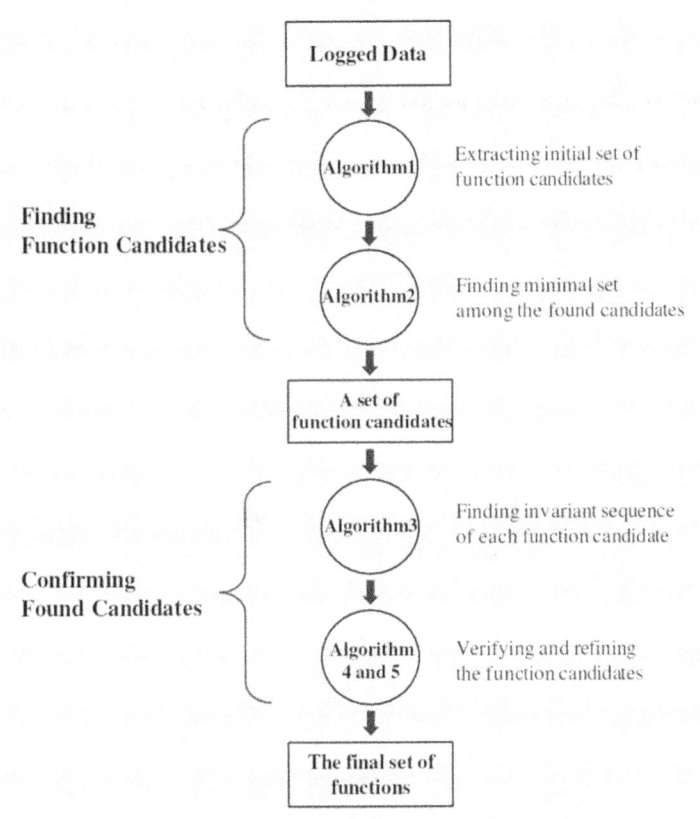

Figure 2. Overall Process

이 예제는 귀납적 방식으로 설명하고 있다. 즉, 문단 앞에서 그림에 대한 전반적인 내용을 설명하고 이후에 그림을 소개한다. 만약 다른 논문의 그림을 참조할 경우 주석이나 그림 소개 글에 인용을 달아야 한다. 그림이 이전에 출판된 저자 자신의 논문에서 가져온 것이라 해도 인용을 넣어야 한다.

## 🌳 표 (Tables)

표는 복잡한 데이터(data)를 효과적으로 표현할 수 있는 도구다. 그림과 마찬가지로 표 역시 식별자와 주석이 붙고 각 표를 빠짐없이 설명한다. 다만 그림과 달리 표는 식별자와 주석이 표 위에 붙는다. 설명하고자 하는 데이터가 단순한 경우 표보다는 문장으로 설명하는 것이 좋다. 단순한 데이터를 표로 만들면 내용이 빈약해 보이고 공간도 낭비하게 된다. 또한, 과도한 표의 사용은 논문을 산만하게 만들어 논문의 흐름 파악을 어렵게 만든다. 다음 예제를 보자.

### 예제 1

Table 3 shows measured ECDs for the *Payment* class.

Table 1. ECDs of *Payment* Class

|    | m2 | m3     | m4     | m5     | m6     | m7    |
|----|----|--------|--------|--------|--------|-------|
| m2 | 1  | 0.1025 | 0.0863 | 0.1025 | 0.0875 | 0.005 |
| m3 |    | 1      | 0.0875 | 0.5    | 0.17   | 0     |
| m4 |    |        | 1      | 0.055  | 0.2525 | 0.105 |
| m5 |    |        |        | 1      | 0.17   | 0     |
| m6 |    |        |        |        | 1      | 0     |
| m7 |    |        |        |        |        | 1     |

문장에서 먼저 Table 1 을 소개하고 이후에 표가 나온다. 이처럼 문장에서 먼저 소개하는 것이 정석이다. 다음 예제를 보자.

### 예제 2

[Table IV shows the statistics of the six types of relationships found in JMeter, JHotDraw, an ArgoUML.]<- 표 소개 [It shows significantly more external relationships (72.35%) than internal relationships (27.63%) and there are only 0:02% EIC. EIC is often considered as code defects [28, 29], and thus represents a quality aspect of an application.]<- 표 설명

Table IV. Interaction Types

| Interaction Type | JMeter | JHotDraw | ArgoUML | Average |
|---|---|---|---|---|
| IAS | 15.97% | 15.02% | 11.07% | **14.02%** |
| IDC | 4.65% | 4.77% | 1.68% | **3.70%** |
| IIC | 1.90% | 3.26% | 0.82% | **1.99%** |
| IMS | 5.93% | 10.37% | 7.45% | **7.92%** |
| EIC | 0.03% | 0.01% | 0.01% | **0.02%** |
| ECD | 71.51% | 66.56% | 78.98% | **72.35%** |

이 예제는 표에 데이터가 많다. 이런 경우 설명하기가 난해할 수 있다. 이럴 땐 확연한 특성을 갖는 데이터를 중심으로 설명해 나가면 효과적이다. 예를 들어 Table 2 의 설명을 보면 최대값인 72.37%와 최소값인 0.02%를 중심으로 설명하고 있다. 이처럼 확연한 특성을 갖는 데이터로 설명하면 수월하게 풀어나갈 수 있고 독자들의 집중력도 높일 수 있다. 표는 자체 데이터로 설명하기 때문에 일반적으로 연역적 방식을 쓴다.

## 예제 3

The architectural distance of a method pair ($m_i$;$m_j$) in a taxonomic structure is measured as follows [32]:

$$D(m_i;m_j) = -logP(ls(m_i;m_j))$$
$$P(e) = |SE_e|/N$$
$$DS(m_i;m_j) = D(m_i;m_j)/MD$$

where $ls(m_i;m_j)$ is the lowest superordinate of $m_i$ and $m_j$, $SE_e$ is the set of sub-entities of an entity $e$, $N$ is the total number of nodes, and $MD$ is the maximum distance used for normalization. In Figure 5, leaf methods have the maximum distance with themselves which is measured 1.43 ($-log(1=27)$) and by the maximum distance, the distance of ($m_9;m_{12}$) is, for example, normalized to 0.34 which represents the architectural similarity of ($m_9;m_{12}$). Similarly, the distance of ($m_{13};m_{14}$) is measured 0.58. This interprets that ($m_{13};m_{14}$) is more similar than ($m_9;m_{12}$). [Table 3 shows the normalized distance of every method pair in the payroll system.]<- 표 소개

Table 3. Normalized Method Distances

|     | m1   | m2   | m3   | m4   | m5   | m6   | m7   | m8   | m9   | m10  | m11  | m12  | m13  | m14  |
|-----|------|------|------|------|------|------|------|------|------|------|------|------|------|------|
| m1  | 1.00 | 0.01 | 0.01 | 0.01 | 0.01 | 0.01 | 0.01 | 0.01 | 0.01 | 0.01 | 0.01 | 0.01 | 0.01 | 0.01 |
| m2  |      | 1.00 | 0.41 | 0.41 | 0.41 | 0.41 | 0.41 | 0.01 | 0.01 | 0.01 | 0.01 | 0.01 | 0.01 | 0.01 |
| m3  |      |      | 1.00 | 0.41 | 0.41 | 0.41 | 0.41 | 0.01 | 0.01 | 0.01 | 0.01 | 0.01 | 0.01 | 0.01 |
| m4  |      |      |      | 1.00 | 0.41 | 0.41 | 0.41 | 0.01 | 0.01 | 0.01 | 0.01 | 0.01 | 0.01 | 0.01 |
| m5  |      |      |      |      | 1.00 | 0.41 | 0.41 | 0.01 | 0.01 | 0.01 | 0.01 | 0.01 | 0.01 | 0.01 |
| m6  |      |      |      |      |      | 1.00 | 0.41 | 0.01 | 0.01 | 0.01 | 0.01 | 0.01 | 0.01 | 0.01 |
| m7  |      |      |      |      |      |      | 1.00 | 0.01 | 0.01 | 0.01 | 0.01 | 0.01 | 0.01 | 0.01 |
| m8  |      |      |      |      |      |      |      | 1.00 | 0.51 | 0.51 | 0.34 | 0.34 | 0.01 | 0.01 |
| m9  |      |      |      |      |      |      |      |      | 1.00 | 0.79 | 0.34 | 0.34 | 0.01 | 0.01 |
| m10 |      |      |      |      |      |      |      |      |      | 1.00 | 0.34 | 0.34 | 0.01 | 0.01 |
| m11 |      |      |      |      |      |      |      |      |      |      | 1.00 | 0.79 | 0.01 | 0.01 |
| m12 |      |      |      |      |      |      |      |      |      |      |      | 1.00 | 0.01 | 0.01 |
| m13 |      |      |      |      |      |      |      |      |      |      |      |      | 1.00 | 0.58 |
| m14 |      |      |      |      |      |      |      |      |      |      |      |      |      | 1.00 |

$-log(9/27) / 1.43 = 0.34$

$-log(4/27) / 1.43 = 0.58$

이 예제 역시 앞의 Table 2 와 마찬가지로 데이터가 많다. 다른 점은 앞의 예제와 달리 데이터가 확연히 특성이 없다는 것이다. 이런 경우 특정 데이터를 예로 들어 설명하면 효과적이다. 이 예제는 앞의 예제와 달리 귀납적으로 설명하고 있다. 귀납적 방식을 사용한 이유는 표의

데이터들이 논문에서 제안하는 수식을 바탕으로 나오기 때문에 수식을 설명하면서 자연스럽게 표의 일부 값을 예제로 쓴 것이다. 이렇게 몇 개의 예제를 설명하고 나머지 데이터들도 비슷하게 계산되었음을 설명하면 독자가 표를 이해하는 데 도움이 된다. 또한, 예제로 썼던 데이터를 표에서 확연하게 표시해 주면 논문에 대한 집중력을 높일 수 있다.

### 🌳 수식 (formulas)

이공계 논문에서 가장 많이 쓰이는 것이 수식이다. 수식을 쓸 때 가장 주의해야 할 것은 수식에 쓰이는 기호나 변수들이 정확하게 정의되어야 한다는 것이다. 또한, 그 수식이 무엇을 의미하는지에 대한 설명도 함께 해주어야 한다. 그 분야의 전문가라 해도 새로운 수식을 쉽게 이해하기란 쉽지 않다. 따라서 수식과 함께 글로써 설명을 해주면 수식을 이해하는 데 도움이 된다. 각각의 수식은 식별자를 달아 필요에 따라 참조할 수 있도록 한다. 다음 예를 보자.

### 예제

We first validate the satisfaction of tactic configuration to given NFRs. Let $SF_i$ be normalized significance factor for NFR$i$ and $TCF_{ij}$ be normalized contribution factor for tactic $j$ to NFR$i$. The satisfaction of tactic configuration to NFRs denoted $NFRS_T$ can be measured as follows:

$$NFRS_T = \sum_{i=1}^{n}(SF_i \times \sum_{j=1}^{m}(TCF_{ij})) \tag{1a}$$

Given the formula, the additional effort $AE$ (not covered by tactics) needed to fully satisfy NFRs can be measured as follows:

$$AE = \sum_{i=1}^{n}(SF_i \times (1 - \sum_{j=1}^{m}(TCF_{ij}))) \tag{2a}$$

이 예제를 보면 두 개의 수식이 나와 있고 수식마다 (1a)와 (2a)의 식별자가 붙어있다. 이 식별자는 해당 수식을 설명하거나 이후에 참조할 때 쓰인다. 또한, 수식들에 쓰인 기호(예: $SF_i$, $TCF_{ij}$)들이 무엇을 의미하는지 설명되어있다.

수식을 작성할 때 가장 큰 어려움이 기호 편집이다. 수식에는 다양한 기호들이 사용되는데 어떤 편집기를 사용하느냐에 따라 편집이 수월할 수도 있고 어려울 수도 있다. 마이크로 소프트 워드 같은 일반 문서 편집기를 사용할 수도 있지만, 필자는 LaTeX 를 추천한다. LaTeX 는 논문과 같은 기술문서를 작성을 위한 인쇄 언어로 다양한 수식 기호를 제공한다. LaTeX 에 대한 자세한 내용은 Chapter 9 에서 다루도록 하겠다. 다음은 수식을 설명할 때 자주 쓰이는 표현이다.

### 🌳 알고리즘(Algorithm)

전산 분야에서 전산 처리 과정을 설명하기 위해 알고리즘(algorithm)을 많이 사용한다. 알고리즘을 기술할 때는 라인(line)마다 번호를 매기고(numbering) 그 번호에 따라 설명한다. 알고리즘 역시 수식과 마찬가지로 기호나 변수를 명확히 설명해야 한다. 알고리즘을 표현할 때 "for", "all", "if", "end"와 같은 키워드(keywords)가 자주 사용되는데 이러한 키워드들은 굵은 폰트(bold font)로 표시하여 다른 단어들과 구별하면 이해하기가 쉽다. 또한, 적절한 들여쓰기(indent)를 하여 가독성(readability)을 높일 수 있다. 다음은 알고리즘의 예이다.

**예제 1**

[Let Role be the set of all roles where a role is defined as a tuple of (*MMC*, *rm*, *CTT*). In the tuple, *MMC* is the set of metamodel-level constraints, *rm* ∈ *MMC* is the realization multiplicity defined as a pair of (*lb*, *ub*) where *lb* is the lower bound and *ub* is the upper bound, and *CTT* is the set of constraint templates. Let Element be the set of all elements where an element is defined as a tuple of (*t*, *CT*). *t* is the element type and *ct* is the set of constraints including invariants and pre- and post-conditions.]<-식별자 설명 [Given that, Table 1 describes the composition algorithm.]<-알고리즘 소개

```
1.  Composition(PatternRole, ModelElement, mapping)
2.  for all elem ∈ dom mapping do
3.      role = mapping elem
4.      for all m ∈ role.MMC do
5.          if ¬ (conform_to elem, m) then
6.              trasnform elem, m
7.              stereotype elem
8.          end if
9.      end for all
10.     for all ctt ∈ role.CTT do
11.         inst = instantiate ctt
12.         if ¬(∃ ct: elem.CT • inst ⇒ ct) then
13.             elem.CT = elem.CT ∪ {ct}
14.     end for all
15. end Composition
```

Table 1: Pattern Composition

[In the algorithm, elements mapped to a role are evaluated for conformance to the role by checking the metamodel-level constraints of the elements. An element is said to conform to a role if the element satisfies the metamodel-level constraints of the role and possesses model-level constraints (e.g., invariants, pre- and post-conditions) defined in the role [10]. A model element mapped to a role may not conform to the role or the element may be intentionally mapped to the role at the designer's discretion that it should play the role. Such a non-conforming element is transformed to be conformant by applying the following operations:

1) Applying the metamodel-level constraints of the role to the element in line 4-9. Examples of metamodel-level constraints of a role include the role base that the element must be an instance of the role base and other constraints associated with the role described in the OCL (see the example in Sec 2.2).

2) Instantiating the constraint templates defined in the role and attach the instantiated constraints to the element in line 10-13. The constraints templates of a role are instantiated in the context of the model based on the mapping. The instantiated constraints are checked whether they imply the model constraints defined in the element. If not, the instantiated constraints are added to the element.]<- 알고리즘 설명

The algorithm is generic and can be applied to any design pattern specified in RBML.

---

이 예제를 보면 먼저 식별자(identifiers) (예: "*MMC*", "*rm*", "*CTT*")를 설명하고 알고리즘을 소개한 이후에 알고리즘을 설명한다. Table 1 의 알고리즘을 보면 들여쓰기와 굵은 폰트를 적절히 사용하여 가독성(readability)을 높였다. 또한, 각 라인(line)에 번호를 부여하여 문장에서 참조하기 쉽게 하였다.

여기에서 인용문의 형태를 이해하기 위해 인용에 대해 살펴보자. 인용은 크게 직접인용과 간접인용으로 구분할 수 있다. 직접인용은 참고문헌의 문장을 그대로 가져오는 것을 말한다. 이런 경우 그 문장의 앞뒤로 인용부호(double quotes)를 붙여 저자의 문장이 아님을 분명히 나타낸다. 간접인용은 똑같은 문장은 아니나, 참고문헌의 내용을 바탕으로 작성한 문장을 말한다. 위의 예제에서는 참고 문헌 [10]에 대하여 간접인용을 하고 있다.

## 예제 2

[The *toI61850SinglePointStatus()* operation in Operation 3 transforms an SPS object of IEC 61850 to a *I61850_SinglePointStatus* object of the UM.] <- 알고리즘 소개

**Operation 3** *toI61850SinglePointStatus()* Operation
```
1  mapping ptr61850::SPS::toI61850SinglePointStatus
2  (inout d:ptrum::Discrete):ptrum::
3  I61850_SinglePointStatus{
4    d.discreteValues:=object ptrum::DiscreteValue{
5      name:="um_"+self.name;
6      sps:=result;
7      if(self.stVal=true) then value:=1 else value:=0 endif;
8      timeStamp:=self.t.map toI61850TimeStamp();};
9    name:="um_"+self.name;
10   discreteValue:=d.discreteValues;
11   quality:=self.q.map toMeasurementValueQuality();}
```

[The transformation involves creating a *DiscreteValue* object to accommodate the boolean value *stVal* in the SPS class in line 4-8. The association end SPS on the *I61850_SinglePointStatus* class is defined as an attribute of the *DiscreteValue* class. The integer value of the *value* attribute is set to the Boolean value of *stVal*. *value* is set to 1 if *stVal* is true, otherwise it is set to 0. It should be noted that when boolean data depends on another base data (e.g., threshold), the base data should be also taken into account in transformation.

The *DiscreteValue* class is associated with the *I61850_TimeStamp* class in the UM to capture the time stamp attribute *t* in the SPS class. The *t* attribute is transformed by the *toI61850TimeStamp*() operation in line 8. The *DiscreteValue* object created is added to the transformed model in line 10. The quality attribute *q* of the source SPS object is transformed to an instance of the *MeasurementValueQuality* class using the *toMeasurementValueQuality()* operation in line 11. The transformed instance is defined as an attribute of the target *I61850_SinglePointStatus* object.] <- 알고리즘 설명

이 예제는 컴퓨터 프로그램의 작동(operation)을 설명한다. 알고리즘과 마찬가지로 라인마다 번호를 부여하여 설명하고 있다. 식별자 이름이 충분히 자기 스스로의 의미를 전달하고 있기에(self-descriptive) 별도로 설명하지 않았다.

## 🌳 이론 (Theorems)

이공계 논문은 이론을 자주 쓴다. 이론을 정의할 때는 "Theorem"의 키워드(keyword)를 사용하여 식별(labeling)한다. 이론도 수식과 마찬가지로 기호 및 변수를 명확하게 설명한다. 이론은 반드시 증명을 동반한다. 간단한 증명은 이론과 함께 나타낼 수 있지만, 증명이 긴 경우 논문의 흐름을 방해하지 않기 위해 첨부(appendix)에 넣기도 한다. Theorem 1 은 이론의 한 예이다.

### 예제

The following theorem states that the set of all candidate mappings can be obtained by computing all computed answers to the query with the program and projecting the computed answers to the set of the variables that represent roles. In addition, the LD-resolution of the query with the program will always terminate.

---

**Theorem 1.** Let $P$ denotes the program, $Q$ the query and $V$ the set of variables representing roles. Then

(a) The LD-resolution of $P \cup \{\leftarrow Q\}$ universally terminates.

(b) A substitution $\theta$ is a computed answer to $P \cup \{\leftarrow Q\}$ via LD-resolution if and only if $\theta \uparrow V$ is a consistent mapping where $\theta \uparrow V$ is $\theta$ restricted to $V$.

A proof of the above theorem is put in an appendix for reviewing.

---

문장에서 이론을 소개할 때 "Theorem 1" 식별자를 사용하지 않고 "The following theorem"이라고 소개하고 있다. 대부분의 경우 식별자를 사용하지만, 이론이 많지 않거나 소개문장과 인접해 있는 경우 위와 같이 소개하기도 한다. 하지만 식별자를 쓰는 것이 정석이다. Theorem 1 을 보면 이론에서 사용하고 있는 P, Q, V 를 먼저 설명하고 이후에 이론을 정의한다. 또한, 증명이 첨부에 있음을 나타낸다. 이론의 종류에 따라 "Lemma", "Proposition", "Corollary"와 같은 다양한 키워드를 쓴다.

### 🌲 정의 (Definitions)

정의를 정의할 때 "Definition"의 키워드를 사용한다. 다른 요소들과 마찬가지로 "Definition"마다 식별(labeling)한다. 다음은 정의의 예이다.

### 예제

---

Let $E(CD)$ be the set of classes and relationships of class diagram $CD$. Definition 4.2 defines class diagram composition.

---

> **Definition 4.1.** An operation $\oplus$ on class diagrams is a composition operation iff
> (a) $\forall e_1 \in \mathcal{E}(CD_1) \bullet [\forall e_2 \in \mathcal{E}(CD_2) \bullet (name(e_1) \neq name(e_2) \Rightarrow e_1 \in \mathcal{E}(CD_1 \oplus CD_2)]$ and
> $\forall e_2 \in \mathcal{E}(CD_2) \bullet [\forall e_1 \in \mathcal{E}(CD_1) \bullet (name(e_1) \neq name(e_2)) \Rightarrow e_2 \in \mathcal{E}(CD_1 \oplus CD_2)]$;
> (b) $\forall e_1 \in \mathcal{E}(CD_1) \bullet \forall e_2 \in \mathcal{E}(CD_2) \bullet (name(e_1) = name(e_2) \Rightarrow \exists e' \in \mathcal{E}(CD_1 \oplus CD_2) \bullet e' = e_1 \oplus e_2)$

## 🌳 항목 나열 (Items)

논문을 쓰다 보면 종종 항목을 나열해야 하는 경우가 있다. 이런 경우 점(bullet)과 같이 단순한 식별기호를 이용하여 나열한다. 논문은 보수적인 성격을 가지므로 치장이 들어간 기호들은 피하는 것이 좋다. 또한, 항목 안에 서브(sub) 항목을 넣는 것도 산만해 보일 수 있어 피하는 것이 좋다. 그런 경우 각 서브 항목을 새로운 항목으로 만들 수 있다. 다음 몇 가지 예를 보자.

### 예제 1

> The following are brief descriptions of some example tactics for availability, modifiability and security.
> - Exception - An availability tactic for recognizing and handling faults.
> - Ping/Echo - An availability tactic for checking the availability of a component by sending ping messages.
> - Heartbeat - An availability tactic for checking the availability of a component by listening to heartbeat messages from the component.

이 예제는 점(bullet)을 이용한 비 순열을 보여준다. 순열(enumeration)을 해야 할 경우 다음과 같이 항목에 번호를 부여한다.

## 예제 2

Given the binding rule, the following composition rules are defined:
1. Put the |PingReceiver and |HeartbeatSender roles into the same package role and name the package role |Subsystem1.
2. Put the |PingSender, |HeartbeatReceiver and |FaultMonitor roles into the same package role and name the package role |Subsystem2.

때로는 식별번호에 의미(context)를 넣어야 하는 경우가 있다. 이런 경우 저자가 지정한 식별번호를 사용할 수 있다. 예를 들어 번호대신 "SPS Composition"을 의미하는 "SPS C"를 사용하여 다음과 같이 표현할 수 있다.

SPS C1. Put the |PingReceiver and |HeartbeatSender roles into the same package role and name the package role |Subsystem1.
SPS C2. Put the |PingSender, |HeartbeatReceiver and |FaultMonitor roles into the same package role and name the package role |Subsystem2.

### ♣ 가정 (Assumptions)

연구 범위(scope)를 한정하기 위해 가정(assumption)을 설정하기도 한다. 다음 예를 보자.

### 예제

For the sake of **generality**, we have the following assumptions:

- Based on a survey of the service robot domain, we assume system logs to include only sender, receiver, message name, and timestamp information.
- Input data are fault-free. That is, the input logs are produced from only successful system executions. This ensures the validity of the results.
- A log is recorded in terms of component interactions for a single service.
- An atomic function has unique functionality (e.g., speech, motion, facial expression).

위 예제에서는 네 개의 가정을 설정하고 있다. 이러한 가정들은 주로 연구 방법(Approach) 부문에서 연구 방법을 설명하기에 앞서 설정한다. 가정이 단순하고 많지 않은 경우 그때그때 필요에 따라 설정하기도 한다.

assumption 과 hypothesis 에 대해 잠시 살펴보자. assumption 과 hypothesis 는 사전적 의미는 비슷하나 연구에서는 그 목적이 다르다. Assumption 은 일반적으로 연구의 범위를 한정하기 위해 특별한 근거 없이 가정하는 것을 말하고 hypothesis 는 연구에서 입증하고자 하는 "가설"을 말한다. Hypothesis 에 대한 자세한 내용은 Chapter 2.9 에서 다루기로 하겠다.

### 🌱 원칙 (Principles)

방법(methods)이나 기술(techniques)을 개발할 때 종종 원칙(principles)을 세우기도 한다. 이런 원칙은 이후 개발 근거나 결정 사항의 근거로 유용하게 사용할 수 있다. 다음 예제를 보자.

**예제 1**

Transformation is carried out based on a mapping of problem domain and solution domain given by the pattern author. A pattern mapping must observe the following principles:
a. Not all problem roles are necessarily mapped to solution roles and not all solution roles are necessarily mapped to problem roles. In the former case, the model elements bound to unmapped problem roles are subject to be removed during transformation. In the latter case, unmapped solution roles are instantiated during transformation.
b. A problem classifier role cannot be mapped to two different solution classifier roles that are associated via either an association role or a dependency role. Otherwise, the relationship property in the solution domain will be lost. However, a problem classifier role having a self-generalization role may be mapped to two different solution classifier roles associated via a generalization role. It should be noted that self-relationships are defined only for generalization roles in RBML.
c. IPS mapping must be consistent with SPS mapping. In general, IPS mapping is automatically determined by SPS mapping. However, additional information may be given for message roles for specifying position directives for sequencing.

이 예제는 패턴을 지정(mapping)할 때 지켜야 하는 원칙들을 설명하고 있다. 이러한 원칙들은 이후에 지정의 근거가 된다. 원칙을 정의할 때는 연역적 방식이 좋다. 원칙을 먼저 정의하고 이후에 설명한다. 예를 들어 위의 예제 (a)를 보면, 먼저 "Not all problem roles are necessarily mapped to solution roles and not all solution roles are necessarily mapped to problem roles."라고 원칙을 정의하고 이후에 각 "case"마다 설명한다.

## 예제 2

UM data types are defined based on the following design principles:
DP1.IEC 61970 data types are used as a base. In the electrical power domain, the goal of IEC 61970 is to provide a semantic base for developing applications (e.g., SCADA systems, EMSs) and the unified model shares the goal [4].
DP2.For semantically matching data types, unification is carried out inclusively towards a larger type. Type A is considered larger than type B if the size of type A is bigger than that of type B or type A encompasses attributes of type B. In either case, unification is conducted towards type A and the unified type may include other attributes of type B that are not included in type A. Type A and B may exist independently in the unified model if they are significantly different in structural.
DP3.For a type that has no matching type, the type may be used in the unified model with necessary changes (e.g., type changes for attributes of compound types, adding attributes in compound types).

이 예제에서는 UM data types 를 정의할 때 적용하는 디자인 원칙을 설명하고 있다. 이 예제 역시 연역적 방식을 사용했으며 각 항목에 대해 식별번호를 붙여 필요에 따라 참조가 쉽게 했다. "Design Principle"을 의미하는 DP 를 식별번호로 사용했다.

### 🌰 유용한 표현

> "aim at ~ing": : "~을 목적으로 한다"의 의미로 연구의 목적을 설명할 때 쓴다. (e.g., "This

approach aims at facilitating systematic development.")

- "as such": "그렇게 하여"라는 의미로 인과 관계를 설명할 때 사용한다. (e.g., "The design becomes simpler and as such the composition becomes easier.")
- "The figure shows (specifies, demonstrates, illustrates, depicts, explains, capture, visualizes)": 그림에 대해 전반적인 내용을 설명할 때 쓴다.
- "In the figure": 그림에 대해서 자세히 설명할 때 쓴다.
- "This formula defines (specifies, measures)": 수식을 설명할 때 쓴다.
- "normalize": "정규화하다"의 의미로 데이터(data)를 평준화 할 때 사용한다. (e.g., "the table is normalized")
- "This algorithm specifies (describes)": 알고리즘을 설명할 때 쓴다.
- "at one's discretion": "~의 판단으로"의 의미로 누군가의 판단에 따라 무엇이 결정될 때 쓴다. (e.g., "at the designer's discretion": 디자이너의 판단에 따라).
- "is set to": "~로 설정하다"를 뜻한다. (e.g., "The value is set to zero.")
- "the following": 자주 사용하는 표현이지만 이 표현이 이끄는 것이 단수인지 복수인지 명확하지 않을 때가 있다. 이 경우 동사 이후의 문장으로 단수인지 복수인지 판단할 수 있다. 예를 들어 "The following is an example"이라고 하면 동사 이후에 "an example"이 단수이기 때문에 "the following"은 단수가 되고 따라서 "is"로 받는다. 반면 "The following are examples"라고 하면

"examples"가 복수이기 때문에 "are"로 받는다. 여기서 주의할 것은 "following"이 형용사로 쓰였기 때문에 "the followings"의 복수형은 문법적으로 맞지 않는다는 점이다. For the sake of~: "~을 위해서"의 뜻으로 문어체에 사용된다.

- "It should be noted that": "**that**" 이하의 내용을 강조할 때 사용한다.
- "For the sake of": "~을 위해서"란 뜻으로 문어체에서 주로 사용한다.
- "Based on (upon)": "~을 바탕으로/근거로"를 뜻하며 "upon"은 문어체에 많이 쓰인다.
- "In the former(latter) case": 앞 문장에서 언급된 전후 경우를 언급할 때 사용한다.
- "as a base (basis)": 이론이나 기술의 바탕을 설명할 때 사용한다.
- "carry out (perform)": 실험이나 검증을 설명할 때 사용한다.
- "in either case": 두 가지 경우를 언급함에 있어 두 경우 모두 해당할 경우 사용한다.

## 2.9 검증 (Validation)

모든 연구는 반드시 검증이 필요하다. 검증은 "validation", "verification" 또는 "evaluation"이라고 한다. 검증의 방법은 크게 두 가지로 나눌 수 있다. 제안한 이론을 실제로 적용(apply) 하는 실험적(empirical) 검증과 이론적으로 증명(proof)하는 수학적 검증이 있다. 실험적 검증은 귀납적(inductive) 검증으로 여러 번의 실험을 통해서 얻은 결과를 바탕으로 통계적 유효함을 증명한다. 실험적 검증은 일반적으로 다음과 같이 진행된다.

그림 2.9.1 실험적 검증 단계

실험을 어떻게 진행했느냐에 따라 실험 결과의 신뢰(credibility)가 달라진다. 실험적 증명의 경우 여러 관점이 있을 수 있기 때문에 설득력 있는 객관적 실험이 중요하다. 객관적 실험에서 중요한 것은 통제된 실험 환경(controlled environment)과 실험 대상 군 선정이다. 어떤 환경에서 누구를 대상으로 실험했는지 상세히 기술한다. 실험 환경에서의 변수들(variable parameters)은 무엇이며 제약(constraints)은 무엇이 있는지 기술한다. 실험 결과에 대한 가설(hypothesis)을 세우고 실제 실험 결과를 바탕으로 그 가설들이 통계적으로 유효함을 증명한다. 다음은 가설에 대한 예제이다.

## 🌳 가설 설정

가설은 크게 영가설(null hypothesis)과 대립 가설(alternative hypothesis)로 나뉜다. 영가설은 연구에서 일어나서는 안 되는 것을 말하며 대립 가설은 연구에서 입증하고자 하는 것을 말한다. 다음 예제를 보자.

### 예제

We use the following hypotheses to statistically validate the evaluation results:
Ha1. There is no significant difference in precision with respect to use of individual metrics.
Ha2. There is a significant difference in precision with respect to use of individual metrics.

이 예제는 영가설 하나(Ha0)와 대립 가설 하나(Ha1)를 보여준다. 이 가설들은 이후 검증에서 증명해야 한다.

## 🌳 가설 검증

영가설은 기각되고 대립 가설은 유의함을 증명한다. 영가설은 일어나서는 안 되는 것이기에 반드시 기각되어야 하고 대립 가설은 반드시 일어나야 하기에 유의해야 한다. 다음 예제를 보자.

### 예제

We conduct pair-wise independent samples T-tests [35] and ANOVA tests [35] on the evaluation results to validate their statistical significance over the hypotheses. We use 0.05 for $p$-value. The normality of the results can be assumed by the

Central Limit theorem [36] as the number of mutation classes is large enough [35].

Individual metrics are applied to decompose 600 mutation classes and the results are evaluated using F-measure. F-measures are measured for individual metrics in each decomposition. Figure 16 shows the F-measures of individual metrics. We carry out independent samples T-tests for (i) IAS and IDC, (ii) IAS and ECD, and (iii) IDC and ECD. The tests all result in 0.001 rejecting the null hypothesis $H_{a}0$, which validates the statistical significance of the evaluation results.

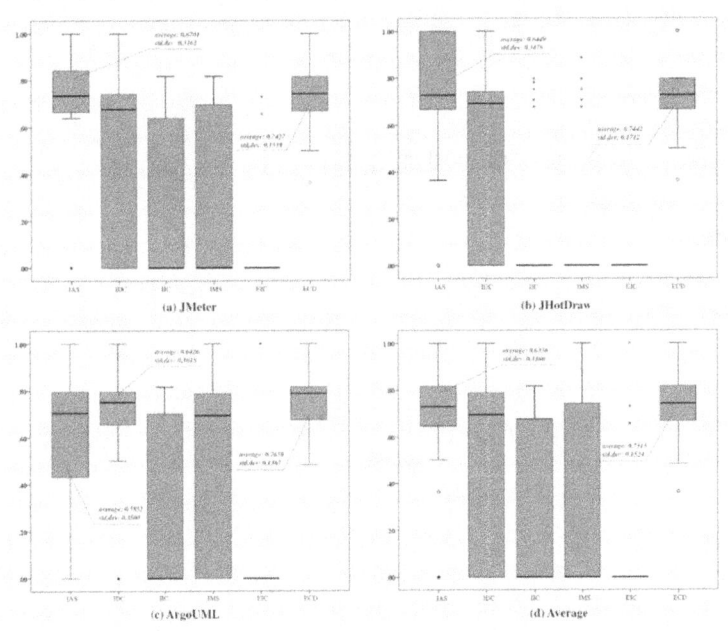

Fig. 16. F-measure of Individual Metrics

이 예제에서는 T-test와 ANOVA test를 이용해 통계적으로 이전 예제의 영가설(Ha0)이 기각됨을 보여준다. 이 예제의 경우 영가설의 기각은 역으로 대립 가설(Ha1)의 유의함이 된다. 그래프를 보면 네 개(JMeter, JHotDraw, ArgoUML, Average)의 사례 연구(case studies)를 바탕으로 통계적 결과가 나왔음을 알 수 있다. 사례 연구는 사례 예제(case example)와 다소 차이가 있다. 사례 연구는 실제 환경(production)에서의 실험을 의미하며 사례 예제는 가상의 환경에서 소규모의 실험을 의미한다. 따라서 사례 연구가 사례 예제보다 많은 시간과 노력을 필요로 한다. 사례 예제는 보통 개념 증명(proof of concept)을 목적으로 한다. 사례 연구에서 통계적 결과를 보여줄 때 그래프를 사용하면 효과적이다.

### 🌳 수학적 검증

수학적 이론은 반드시 증명해야 한다. 다음 예제를 보자.

**예제**

**Theorem**

$Pre(checkAccess_{RBAC}) \land Pre(checkAccess_{MAC}) \land Post(checkAccess') \Rightarrow Post(checkAccess_{RBAC}) \land (\neg Hybrid\_Secrecy \Rightarrow Post(checkAccess_{MAC}))$

**Proof**

1. $(true \land true \land (Act_{RBAC} \land Sacl_{MAC} \land Oacl_{MAC} \land Perm_{RBAC} \land Hybd_{Hybrid})) \Rightarrow$
   $(Act_{RBAC} \land Perm_{RBAC}) \land (\neg Hybrid\_Secrecy \Rightarrow (Sacl_{MAC} \land Oacl_{MAC} \land Sec_{MAC}))$     by substitution

   Let $Act_{RBAC} = AR, Sacl_{MAC} = SM, Oacl_{MAC} = OM$,
   $Perm_{RBAC} = PR, Hybd_{Hybrid} = Hybrid\_Secrecy = HH$,
   $Sec_{MAC} = SeM$

2. $(AR \land SM \land OM \land PR \land HH) \Rightarrow$     by substitution
   $((AR \land PR) \land (\neg HH \Rightarrow (SM \land OM \land SeM)))$

3. $\neg(AR \land SM \land OM \land PR \land HH) \lor$     by $\Rightarrow$ definition
   $(AR \land PR \land (HH \lor (SM \land OM \land SeM)))$

4. $\neg AR \lor \neg SM \lor \neg OM \lor \neg PR \lor \neg HH \lor$     by de morgan's law of $\neg$
   $(AR \land PR \land (HH \lor (SM \land OM \land SeM)))$

5. $(\neg AR \lor \neg SM \lor \neg OM \lor \neg PR \lor \neg HH \lor AR) \land$     by de morgan's law of $\lor$
   $(\neg AR \lor \neg SM \lor \neg OM \lor \neg PR \lor \neg HH \lor PR) \land ... \land$
   $(\neg AR \lor \neg SM \lor \neg OM \lor \neg PR \lor \neg HH \lor HH \lor OM) \land$
   $(\neg AR \lor \neg SM \lor \neg OM \lor \neg PR \lor \neg HH \lor HH \lor SeM)$

6. true     by law of excluded middle

**QED**

이 증명에서는 "substitution, => definition, De Morgan's law"와 같은 여러 가지 추론 규칙(inference rules)을 사용했다. 이러한 규칙들은 증명에 필요한 배경 지식이다. 논리적 증명 끝에는 "Q.E.D."를 붙이는데 이는 "*Quod Erat Demonstrandum*"이란 라틴어의 약자로 "which had to be demonstrated"을 의미한다.

모든 논문이 반드시 검증이 필요한 것은 아니다. 논문의 성격에 따라 검증이 필요하지 않은 경우도 있다. 예를 들어 서베이(survey) 논문 같은 경우 현재까지 연구의 흐름을 분석하고 보고한다. 이처럼 정보의 전달을 목적으로 하는 논문은 검증의 대상이 아니다. 또 다른 예로 소프트웨어 공학에서 디자인 패턴 (design patterns)에 대한 논문은 패턴을 소개하고 설명하는 것을 목적으로 하기 때문에 실제 적용하는 사례연구 외에 특별한 수치적 검증은 필요하지 않고 또한 논문의 성격과 맞지도 않는다. 예제로써 **[Kim *et al.* 2014]**과**[Kim *et al.* 2011a]**를 참고하기 바란다.

## 2.10 교훈 (Lessons Learned)

연구 과정에서 알게 된 사실들을 기술한다. 이 부분은 반드시 필요한 것은 아니나 논문을 정리하는 역할을 한다. 보통 페이지 제한이 없는 저널 논문에 자주 들어간다. 다음 예제를 보자.

🌸 예제

---

The following summarizes the findings in this work:
- While the problem description of the Visitor pattern was helpful to understand the problem context of the pattern, the information on the problem domain in the description was often found insufficient to formalize the problem domain. This leads to the need of auxiliary pattern resources (e.g., problem examples).
- Some properties of the Visitor problem domain could be found only when multiple perspectives of the problem domain were considered. This implies that the problem domain should be analyzed from various views in order to develop a complete specification.
- The problem structure of the Visitor pattern involves the solution structure of the Composite and Interpreter patterns. Similarly, the problem structure of the Observer pattern involves the solution structure of the Mediator pattern. From these observations, one can reasonably infer that patterns are not only related in solution domains, but also in problem domains.
- The scope of the Visitor problem domain had to be tailored so as to be rigorously specified. This incurs excluding some valid problem models from the problem set characterized by the problem specification. Thus, even if a model is evaluated

non-conformant to a problem specification, the model should not be blindly considered as an invalid problem model.

이 예제에서는 연구 과정에서 알게 된 네 가지의 사실들에 대해 설명하고 있다. 이 밖에도 다른 분야에 대한 적용 가능성 또는 새로 발견한 제약(constraints)이나 연구 사물(objects) 간의 연관성 등을 기술 할 수 있다.

### 유용한 표현

- "Our collective experience reveals the following": 경험적으로 알게 된 사실을 기술할 때 쓴다.
- "It is important to note that": "**that**" 이하를 강조할 때 쓴다.
- "lack of": "~이 결핍된"의 의미로 부정적인 표현이다. "lack"은 명사와 동사 둘 다로 쓰일 수 있다. (e.g., "This is due to the lack of formality" [명사]. "Their approach lacks formality" [동사]).
- "familiar with": "~에 익숙한"의 뜻으로 "accustomed to"와 유사하다.
- "difficulties": "**difficulty**"가 복수로도 사용된다.
- "findings": "**finding**"이 명사로 쓰일 때 복수로도 사용된다.
- "needs": "**need**"가 명사로 쓰일 때 복수로도 사용된다.
- "lead to": "~로 이끈다."라는 뜻으로 인과 관계를 설명할 때 사용한다. "cause"와 유사하다.
- "in order to": "~하기 위해서"의 의미를 가진다. "so as to" 또는 "to"와 같은 의미다. 다만 "in order to"와 "so as to"는 이후의 동사가 일반 "to" 이후의

동사보다 설명적(descriptive)이다 (e.g., understand, describe, explain).

- "tailored to": "~에 맞춘"의 의미로 "customized to"와 유사하다. (e.g., "The method is tailored to this project.")

## 2.11 타당성/신뢰도에 대한 의문점 (Threats to Validity)

실험 결과의 타당성에 대해 의문점이 될만한 사항들을 서술한다. 타당성은 시험 타당도(test validity)와 실험 타당도(experimental validity)으로 구분할 수 있다. 시험 타당성은 연구 내용이 연구 결과의 해석을 얼마나 잘 뒷받침 하느냐를 나타내고 실험 타당성은 연구 결과가 실제로 해당 연구로 인해서 나온 것인지를 보여준다. 시험 타당성은 구조 타당도(construct validity), 내용 타당도(content validity), 준거 타당도(criterion validity)로 구분된다.

- 구조 타당성은 연구 결과가 진정 원하는 의도로 측정된 것인지를 설명한다. 예를 들어 연구 방법에서 "믿을만한 데이터를 사용해서"라는 언급이 있다면 "믿을만하다"는 주관적 판단이 들어간다. 이런 경우 구조 타당성에 의문이 생긴다.
- 내용 타당성은 연구에서 검증하고자 하는 것을 어느 정도 충실히 지원하고 있는지 나타낸다. 예를 들어 설문지에서 설문하고자 하는 내용이 대표성을 가진 질문인지 평가한다.
- 준거 타당성은 연구 내용이 연구 결과에 어느 정도 근거하는지 나타낸다. 예를 들어 시험점수가 좋다면 공부를 많이 한 것이고 시험 점수가 낮다면 공부를 적게 한 것을 나타내는 것을 말한다.

실험 타당성은 연구 방법과 실험 결과의 인과관계와 일반성을 나타낸다. 세부적으로 내적 타당성 (internal validity)와 외적 타당성(external validity)으로 구분할 수 있다.

● 내적 타당성은 연구 결과가 진정으로 연구에서 제안한 방법을 적용해 나온 것인지 아니면 그 밖의 다른 요인으로 인해 나온 것인지에 대해 평가한다.
● 외적 타당성은 연구 결과가 다른 대상에 대해서도 같은 결과가 나올 수 있는지에 대한 일반성을 평가한다.

일반적으로 이공계에서의 검증은 내적 타당성과 외적 타당성을 좀 더 중요시한다. 의문점이 있는 타당성에 대해서는 그 의문점을 해결하기 위한 노력도 함께 설명해야 한다. 만약 해결하려는 노력이 없었다면 검증의 목적이 무색해진다.

### 예제

In this subsection, we discuss threats to validity from construct, internal, and external perspectives [Yin 2009].

*Construct Validity.* Construct validity is concerned with failing on developing a sufficiently operational set of measures and collecting data due to subjective judgment. With respect to construct validity, the derived evaluation results in our case studies involve subjectivity. To mitigate this threat, we used multiple sources of evidence for the results including document reviews, interviews, surveys, and observation. These sources confirm that there exists consistency in the collected data. We also used an established measurement tool (i.e., TAM) to further mitigate the threat. The preliminary case study results were peer-reviewed and confirmed by a group of practitioners who participated in case studies.

*Internal Validity.* Internal validity is concerned with the validity of causal relations of outputs. The quality of ReMo recommendations might be relative to the level of experience of the participants who participated in the case studies. This is quite natural that more experienced people would likely produce better quality outcomes. In the outcome evaluation, the participants consistently state that ReMo helps produce better recommendations compared to their prior recommendations produced by an ad-hoc practice in the past. This testifies that although the quality of ReMo recommendations is relative to experience level, practitioners do feel that at their experience level, the quality of ReMo recommendations is certainly better than those produced in the past practice.

*External Validity.* External validity is concerned with the generalization of study results. In this work, the improvements by ReMo may be justifiable only within the studied SPI projects and participants. To mitigate this, we conducted multiple case studies involving ten process experts from three different consulting firms. They have led many SPI projects in various contexts and the projects studied in this work are from their recent projects. The contexts of the studied projects vary in business domain, company size, assessed organization size, process reference model, assessment method, and the number of involved process areas and findings. We think that the diversity of the covered contexts is high enough for ReMo to be generally applied.

위 예제에서는 구조 타당성, 내적 타당성, 외적 타당성을 설명하고 있으며 각 타당성에 대한 대안도 제시하고 있다.

### 🌱 유용한 표현

> 🍃 "In this subsection": 흔히 "in this section"을 많이 사용하지만 "in this subsection"을 쓰기도 한다.

- "is concerned with": "~에 대해서 다루다"의 의미로 "address"와 유사하다.
- "with respect to": "~와 관련해서"를 의미하며 한정할 때 사용한다.
- "i.e.,": "*id est*"의 라틴(Latin)어로 영어의 "that is"를 의미한다. 즉, 앞의 내용을 부연 설명할 때 쓴다. 예제를 언급할 때 사용하는 "e.g."와 혼동하지 않도록 주의한다.
- "compared to": "~와 비교해서"을 의미한다. 이때 "to"를 "with"와 혼동하지 않도록 한다. "to"는 비교 대상의 유사성에 초점을 맞추는 반면 "with"는 차이점에 초점을 맞춘다.
- "ad-hoc": "개별적인"을 의미하며 표준화 되지 않은 개별적 방식을 일컬을 때 사용한다. (e.g., "Evaluating pattern conformance has been mostly ad-hoc.")
- "relative to": "상대적으로"를 뜻하며 비교의 기준을 설명할 때 사용한다. 연관성을 나타내는 "relevant"와 혼동하지 않도록 한다.

## 2.12 결론 (Conclusion)

결론은 논문을 마무리하는 부문으로 논문의 전체 내용을 요약하고 연구의 장점, 연구 과정에서 배운 교훈이나 새롭게 알게 된 사실, 연구를 적용할 수 있는 다른 분야 등에 대해 설명한다. 또한, 연구의 한계와 후속 연구(future work)에 대해서도 언급한다. 교훈(Lessons Learned) 부문과 내용 면에서 유사한 부분이 있기 때문에 중복되지 않도록 주의한다. 결론 부문의 일반적 구조는 다음과 같다.

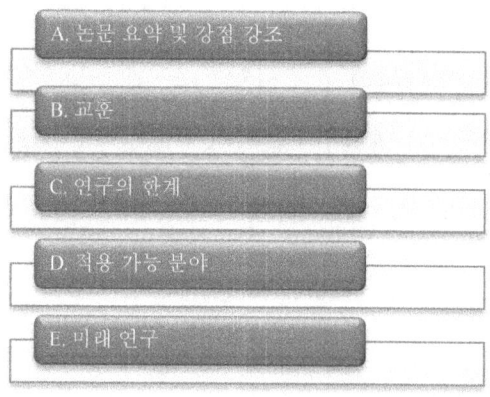

그림 2.12.1 결론 구성

🌸 예제

[We have presented a systematic approach for refactoring application models using design patterns to improve design quality. A challenge in this work was to define the problem domain of design patterns. Unlike solution domains where mature generality exists, problem domains are only conceptually understood by one or two motivating examples, which makes it difficult to define them. We have so far developed the full set of

a problem specification, a solution specification, and transformation for the Visitor, Abstract Factory, Observer, Adapter, and State patterns [12] and solution specifications for the Bridge, Composite, Decorator, Interpreter, and Iterator patterns for which we are currently working on problem specifications.]<- 논문 요약 [In the effort of defining their problem specifications, we found the Composite pattern to be the most difficult to define as its solution is widely used as common practice, and thus it is very hard to find problem cases. We have also considered the Abstract Method and Singleton patterns, but the presented approach turns out to be less appealing for these patterns due to the simplicity of their problem and solution domains.]<- 교훈
[The family of RBML tools including RBML-CC and PatMoRe enables automation of checking pattern applicability before transformation and solution conformance after transformation.]<-장점 [The current version of RBML-CC supports only static evaluation.]<- 한계 [We are currently developing a new tool based on logic programming that can support both static and behavioral evaluation. In the development, we translate UML models into logic programs and patterns into queries and project logic programs into queries to compute all feasible mappings by enforcing a set of inference rules [20]. For PatMoRe, we plan to develop features for supporting pattern-specific transformations. The plan is to add a module for handling tailoring activities subsequent to the generic transformation module in PatMoRe.]<- 미래 연구 [Kim 2013]

일반적으로 연구의 장점을 앞에서 강조하는데 이 예제에서는 문맥상 장점을 두 번째 문단에서 강조했다. 미래 연구를 설명하는 데 있어 앞으로 해야 할 일뿐만 아니라 현재 진행중인 연구에 대해서도 언급하고 있다.

## 🌳 유용한 표현

- "In the subsequent (future, following) work": 후속 연구를 소개할 때 사용한다.
- "We also plan to investigate (study) A": 후속 연구로 A를 진행할 예정임을 설명할 때 쓴다.
- "The presented approach can also be applied to A": 연구가 A에도 적용될 수 있음을 설명할 때 쓴다.
- "Much work still remains to be done (addressed)": 후속 연구가 많이 있을 때 사용한다.
- "for instance": "for example"과 같은 의미로 "for example"과 번갈아 쓰면 논문이 지루하지 않다.
- "A is expended to B": A가 B로 확장될 때 사용한다.
- "Support for A is limited": A에 대한 지원에 제한적임을 설명할 때 쓴다. 유사한 표현으로 "A is limited to B"가 있다.

## 2.13 감사 글 (Acknowledgements)

연구비를 지원해준 기관이나 연구에 특별히 도움을 준 사람들에게 감사를 표시한다.

🌳 예제 1

This material is based upon work supported by the National Science Foundation under Grant No. CCF-0523101. Any opinions, findings and conclusions or recommendations expressed in this material are those of the author(s) and do not necessarily reflect the views of the National Science Foundation.

이 예제는 미국 과학 재단(NSF)의 연구 지원에 대해 감사를 표한다. 이 문장은 "NSF"에서 지정해준 문장으로 수정 없이 그대로 사용했다. "NSF"가 지원한 모든 연구는 위 문장을 반드시 넣게 되어있다.

🌳 예제 2

This research is supported in part by the Korea Institute of Energy Technology Evaluation and Planning (KETEP) under the international collaborative R&D program (20118530020020).

이 예제는 한국 에너지 평가 기술원에서 지원한 연구이다. "in part"의 표현에서 부분적인 지원이 있었음을 알 수 있다. "in part" 대신 "partially"를 사용하기도 한다.

🌳 예제 3

The authors would like to thank Dr. Thomas F. Piatkowski and the anonymous reviewers for their comments to improve the paper.

연구 진행이나 논문 작성 과정에서 특별히 도움을 준 사람에게 감사를 표한 예이다. 저널 논문 같은 경우 심사위원(reviewers)과 여러 번의 서신 교환을 통해 심사 의견을 받게 되고 그러한 심사위원들의 평가에 대해 종종 저자들이 감사를 표하기도 한다.

## 2.14 참고 문헌 (References)

참고 문헌의 종류는 책, 책 장(book chapter), 저널 논문, 학회 논문, 기술 보고서, 박사 논문, 석사 논문 등으로 구분된다. 다양한 종류만큼이나 형식도 다양하다. 각각의 형식에 대해 알아보자.

### 🌳 책 (Books)

책은 저자, 책 제목, 판(edition), 출판사, 출판 연도 등을 기재한다. 저자의 이름은 이름(first name)의 머리글자(initial)와 성(last name)만 기재한다. 다른 참고 문헌도 마찬가지로 저자의 성만 쓰고 이름은 머리글자로만 표기한다. 저자들이 여러 명일 경우 ","로 구분하며 마지막 저자는 "and"로 연결한다. 책 제목은 일반적으로 전치사를 제외한 단어들의 첫 글자를 대문자로 표기한다. 제목의 첫 글자만 대문자로 하고 나머지는 소문자로 하는 경우도 있다.

**예제**

---

D. Schmidt, M. Stal, H. Rohnert, and F. Buschmann. Pattern-Oriented Software Architecture, vol. 2, Patterns for Concurrent and Networked Objects, John Wiley & Sons, 2000.

---

### 🌳 책 장 (Book Chapters) 논문

각 장이 서로 다른 논문으로 구성된 단행본의 책의 한 장(chapter)을 담당하는 논문을 책 장 논문(book chapter)이라고 한다. 따라서 장마다 저자들이 다르고 그 책의 편집자(논문을 모은 사람)가 대표로 책 표지에 실린다. 책 장 논문을 인용할 때는 그 장의 저자와 제목을 쓰고 편집자의 이름과 책 제목을 기재한다. 해당 책 장의 페이지와 출판사, 출판 연도도 함께 기재한다. 페이지를 표기할 때 두 페이지 이상인 경우 "pp"로, 한 페이지 경우 "p"로 표시한다.

**예제**

D. Kim. The Role-Based Metamodeling Language for Specifying Design Patterns. In Toufik Taibi, editor, Design Pattern Formalization Techniques, pages 183–205. Idea Group Inc., 2007.

### 🌳 저널 논문 (Journal papers)

저널은 한 해에 여러 호(issue)를 출판하고 각 호마다 6~7 개의 논문을 싣는다. 한 해에 출판된 호를 묶어 권(volume)이라고 하며 저널을 인용할 때는 호와 권을 함께 기재한다. 저자, 논문 제목, 저널 이름, 권 (호), 페이지, 출판 연도순으로 기재한다.

**예제**

D. Kim and C. El Khawand. An Approach to Precisely Specifying the Problem Domain of Design Patterns. *Journal of Visual Languages and Computing*, 18(6):560–591, 2007.

### 🌳 학회지 논문 (Conference papers)

학회는 해마다 열리기 때문에 년도 와 함께 몇 번째 학회인지 기재한다. 일반적으로 역사가 오래된 학회에 출판된 논문들이 좋은 평가를 받는다. 따라서 출판된 학회의

횟수를 보면 그 논문의 질(quality)을 간접적으로 가늠할 수 있다. 학회들은 보통 이름의 약자(acronym)로 많이 알려진다. 그러므로 약자를 함께 기재해 주면 독자나 심사위원이 좀 더 쉽게 참고 문헌을 인지할 수 있다. 학회는 보통 해마다 다른 장소(venue)에서 열리기 때문에 개최 장소를 함께 기재한다. 특정 학회에 출판된 논문들의 모음을 "proceedings"라고 부른다. 워크숍(Workshop)이나 심포지엄(Symposium) 논문도 학회 논문과 같은 형식으로 기재한다.

**예제**

D. Kim. *Software Quality Improvement via Pattern-Based Model Refactoring*. In Proceedings of the 11th IEEE High Assurance Systems Engineering Symposium (HASE), pages 293–302, Nanjing, China, 2008.

## 🌳 기술 보고서 (Technical Reports)

기술 보고서는 각 기관 내에서 만들어진 내부 연구 보고서다. 따라서 기술 보고서는 공식 출판물로 간주하지 않으며 이후에 학회나 저널에 제출할 수 있다. 일반적으로 기관 내에서 부여하는 고유 번호와 기관 주소, 연도 등을 기재한다.

**예제**

L. Lu and D. Kim. Verifying Behavioral Preservation of Sequence Diagrams. Technical Report CSE-09-TR-0602, CSE Department, Oakland University, Rochester, MI, June 2009.

### 🌳 박사 논문 (Ph.D. Dissertations)

박사 논문은 저자, 제목, 해당 학교와 연도를 기재한다.

예제

William F. Opdyke. Refactoring Object-Oriented Frameworks. PhD thesis, University of Illinois at Urbana-Champaign, 1992.

### 🌳 석사 논문 (Master Theses)

박사 논문과 마찬가지로 저자, 제목, 해당 학교와 연도를 기재한다.

예제

V. Sathyanarayanan. PatMoRe - A Pattern Based Model Refactoring Tool. Master's thesis, Department of Computer Engineering, Oakland University, 2009.

### 🌳 그 밖의 것 (Miscellaneous)

그 밖의 출판물들은 해당 기관, 제목, 날짜 등을 기재하고 온라인 출판물인 경우 해당 링크 등을 함께 기재한다.

예제

Object Management Group: MOF QVT Final Adopted Specification, OMG Document ptc/2005-11-01, 2005. http://www.omg.org/cgi-bin/doc?ptc/2005-11-01.

## 🌳 정렬

참고 문헌의 정렬은 제 1 저자의 성(last name)의 알파벳순으로 하며 색인(indexing)은 번호 또는 제 1 저자의 성과 연도를 합쳐서 사용한다.

### 번호 색인

[1] V.R. Basili, H.D. Rombach, Support for comprehensive reuse, Technical Report UMIACS-TR-91-23, CS-TR-2606, Department of Computer Science, University of Maryland at College Park, 1991.
[2] J.-M. Morel, J. Faget, The REBOOT Environment, in: Proceedings of the Second International Workshop on Software Reusability: Advances in Software Reuse, IEEE Computer Society Press, Lucca, Italy, 1993, pp. 80–88.
[3] R. Prieto-Diaz, Status report: software reusability, IEEE Software 10 (3) (1993) 61–66.

### 저자 이름과 연도색인

[Abreu 2000] Abreu, S.: "A Logic-based Information System"; Proc. 2nd Int. Workshop on Practical Aspects of Declarative Languages, (2000), 141-153.
[Albin-Amiot et al. 2001] Albin-Amiot, H., Gueheneuc Y. G.: "Meta-Modeling Design Patterns: Application to Pattern Detection and Code Synthesis"; Proc. 1st ECOOP Workshop on Automating Object-Oriented Software Development Methods, (2001).
[Alghathbar et al. 2005] Alghathbar, K., Wijesekera, D., Farkas, C.: "Secure UML Information Flow using FlowUML"; Proc. 3rd

Int. Workshop on Security in Information Systems, (2005), 229-238.

## 2.15 부록 (Appendix)

논문 이해를 위해 필요하지만, 핵심 내용이 아니거나 본문에 넣을 경우 논문 흐름을 방해하는 항목을 부록(Appendix)에 넣을 수 있다. 학회 논문인 경우 페이지 제한으로 인해 첨부가 출판되지 않지만, 심사 과정에서 심사위원들의 이해를 돕기 위해 넣기도 한다. 첨부를 추가할 때 페이지 한도를 넘지 않도록 주의한다. 좋은 학회일수록 논문 제출시 페이지 제한이 엄격하여 페이지가 초과할 경우 심사 없이 논문이 반려되기도 한다. 저널 논문의 경우 페이지 제한이 없고 부록도 함께 출판된다. 다음은 부록의 예이다.

**예제**

---

**Appendix A.**

**Lemma A.1.** *The operation addActiveRole() in General refines the operation addActiveRole() in Core.*

**Proof.** Let $a$ abbreviate $ars \to includes(r)$, $b$ abbreviate $active\_in = active\_in@pre \to including(r)$, $c$ abbreviate $dscnts \to forAll(d | active\_in = active\_in@pre \to including(d)$ and $d$ abbreviate $active\_in = active\_in@pre$.

Let $Cond_{General} = ((a \Rightarrow (b \wedge c)) \vee d)$ and $Cond_{Core} = ((a \Rightarrow b) \vee d)$. We need to prove that $(Auth_{General} \wedge Desc_{General} \wedge Cond_{General}) \Rightarrow (Auth_{Core} \wedge Cond_{Core})$. It suffices to prove that $(Auth_{General} \wedge Cond_{General}) \Rightarrow (Auth_{Core} \wedge Cond_{Core})$ since $(Auth_{General} \wedge Desc_{General} \wedge Cond_{General}) \Rightarrow (Auth_{General} \wedge Cond_{General})$. Since $(b \wedge c) \Rightarrow b$, we have $(a \Rightarrow (b \wedge c)) \Rightarrow (a \Rightarrow b)$ which implies $Cond_{General} \Rightarrow Cond_{Core}$ which in turn implies $(Auth_{General} \wedge Cond_{General}) \Rightarrow (Auth_{Core} \wedge Cond_{Core})$. □

---

이 예제는 이론에 대한 증명을 부록에 넣은 예이다. 이론에 대한 증명은 중요하지만, 논문의 흐름에 큰 영향을 주지 않기 때문에 부록에 포함되었다.

나도 영어 논문 써볼까?

# 3 논리적 흐름

논문에서 가장 중요한 것은 논리적 흐름이다. 내용이 논리적이고 체계적으로 기술해야 독자들도 쉽게 이해할 수 있다. 예를 들어, 같은 문단(paragraph) 안에 있는 앞뒤 문장은 서로 논리적으로 연결 돼야 한다. 문단과 문단 사이도 마찬가지다. 문단마다 서로 다른 주제를 설명할 수 있지만, 그 주제들이 서로 연관성이 있어야 한다. 그렇지 않으면 문맥이 유기적이지 않아 논문을 이해하기가 어렵다.

이 장에서는 다양한 논문 초록을 예제로 논리적 전개 방식에 대해 설명하겠다. 초록은 논문에서 제일 처음 나오는 문단으로 논문 전체에 대한 내용을 간결하고 논리적으로 서술한다. 문단이 길지 않고 높은 논리성을 요구하기 때문에 논리적 서술을 연습하기에 좋다. 먼저 각 초록의 초안을 분석하고 논리를 파악한 후 세세한 문장 수정을 통해 어떻게 개선되는지 살펴보도록 하겠다. 또한, 다양한 예제를 통해 초록의 공통된 형식을 파악하고 구성에 대해 살펴보도록 하겠다.

## 3.1 실전 예제 1

예제에 들어가기에 앞서 2.2 장에서 설명한 초록의 구성에 대해 잠시 되짚어 보자. 먼저 연구 동기와 연구 문제를 설명하고 그 문제가 아직 해결되지 않았음을 지적하고 해당 논문에서 어떻게 그 문제를 해결하는지 기술하고 마지막으로 연구 결과를 요약한다.

다음은 서비스 로봇 행동 연구에 관한 논문의 초록이다.

🌳 **초안**

---

(a) [In the service robot domain, the components of a service robot are distributed and concurrently executed.]<-배경 (b) [For this reason, it is difficult to apply the existing approaches to the service robot domain.] <-문제 제기[(c) This paper suggests a method of function identification to solve the problem. (d) In the service robot domain, the messages that make up a function occur repeatedly in the same sequence and the sequence is always kept. (e) The approach identifies a set of functions.]<-해법 (f) [We apply the approach to a service robot which is developed by *Center for Intelligent Robotics* (CIR) and obtain the result of 95.5% precision and 91.3% recall compared to manual identification.]<-검증

---

(a)는 서비스 로봇 분야(domain)에 대한 배경을 설명하고 (b)에서는 그 분야가 당면한 문제를 제기하며 (c)-(e)는 그 문제를 해결하기 위한 해법(method)을 설명하고 (f)에서는 그 해법에 대한 검증을 설명한다. 전체적으로 논문 흐름은 무난하나 각 문장의 표현과 문장과 문장 사이의 연결이 부드럽지 못하다.

먼저 (a)를 보자. (a)는 서비스 로봇에 대한 일반적 구조를 설명한다. 하지만 (b)에서 문맥과 전혀 맞지않는 "For this reason"이 나온다. (a)에서는 "reason"과 관련한 내용이 없다. 따라서 (a)와 (b)가 유기적이지 않다. 보통 이런 오류는 저자의 생각이 글보다 앞설 때 흔히 발생한다. 즉, 저자는 문장 (a)를 작성할 때 "reason"에 대해 생각하고 있었지만, 작성을 빼먹은 것이다. "reason"이 빠졌기 때문에 이후에 제기된 "difficult"의 원인 역시 불분명하게 된다. 자 그럼 문장 (b)를 다음과 같이 수정해보자.

(a) [In the service robot domain, the components of a service robot are distributed and concurrently executed.] (b) [~~For this reason.~~ The distributed and concurrent nature of service robots makes component interactions highly interleaved, which makes it ~~is~~ difficult to ~~apply the existing approaches to the~~ analyze the behaviors of a service robot ~~domain..~~]

위의 수정을 보면 "The distributed and concurrent nature"를 (b) 앞에 두어 (a)의 "distributed and concurrently executed"와 연결하여 문장의 흐름을 부드럽게 한다. 또한, "difficult"의 원인이 "distributed and concurrent nature"임을 명확히 하고 구체적으로 어떤 국면에서 "difficult" 한지를 설명한다.

문장 (c)는 이 논문에서 제안하는 문제 해법을 설명한다. 하지만 해법을 설명하기에 앞서 제기된 문제가 아직 해결되지 않은 문제임을 역설해야 한다. 그래야 연구의 정당성이 성립된다. 다음 문장을 (c) 앞에 추가해보자.

> However, the existing work on service robot behaviors focuses on mostly sequential interactions. (c) This paper suggests a method of function identification to solve the problem.

새로 추가된 문장은 기존 연구의 대부분이 "sequential interactions"에 집중하고 있음을 설명하고 "distributed and concurrent nature"에 대한 연구는 거의 없음을 지적한다. 새로 추가된 문장으로 인해 연구의 정당성이 성립되고 (c)에서 제시하는 해법이 힘을 얻는다. (c)를 좀 더 자세히 살펴보자. 이 문장에서 제시하는 해법이 앞서 언급된 문제와 거의 연관성이 없는 것을 알 수 있다. 즉, 표현에 문제가 있는 것이다. 다음 수정을 보자.

> (c) In ~~T~~this paper, we ~~suggests~~ present a method ~~of~~ for analyzing the concurrent interactions of a service robot to identify system functions defining services ~~identification to solve the problem~~.

수정을 보면 "analyzing the concurrent interactions"을 넣어 앞서 제기한 "distributed and concurrent nature"에 대한 문제의 해법임을 명확히 한다. 표현을 좀 더 구체적으로 살펴보면 "suggests"의 표현이 약하다. 대신 "presents"를 사용하여 의미를 강화했다. "a method of function identification"을 보면 명사들만의 연결로 인해 그 의미가 명확하지 않다. 이 표현에 동사를 사용하여 "a method for analyzing the concurrent interactions of a service robot to identify functions"와 같이 바꾸면 "method"의 목적이 "for analyzing"으로 분명해진다.

문장 (d)와 (e)는 초록에 나오기에는 다소 구체적인 내용으로 적절하지 않다. 따라서 다음과 같이 삭제한다.

(d) ~~In the service robot domain, the messages that make up a function occur repeatedly in the same sequence and the sequence is always kept.~~ (e) ~~The approach identifies a set of functions.~~

(f)는 "evaluation"에 대해 설명한다. 전체적은 문맥은 무난하나 하나의 문장으로는 다소 길다. 다음과 같이 수정해 보자.

(f) We ~~apply~~ evaluate the approach ~~by applying it~~ to a service robot ~~which~~ that is developed by *Center for Intelligent Robotics* (CIR). ~~and obtain~~ The evaluation results ~~of~~ in 95.5% in precision and 91.3% in recall compared to manual identification.

하나의 문장을 행위(evaluate)와 결과(results)의 두 문장으로 나누어 설명이 간략해지고 명확해진다. "apply" 대신 "evaluate"를 사용하여 목적이 "evaluation"임을 명확히 한다.

### 🌸 교정 후

In the service robot domain, the components of a service robot are distributed and concurrently executed. The distributed and concurrent nature of service robots makes component interactions highly interleaved, which makes it difficult to analyze the behaviors of a service robot. However, the existing work on service robot behaviors focuses on mostly sequential interactions. In this paper, we present a method for analyzing the concurrent interactions of a service robot to identify system functions defining services. We evaluate the approach by applying it to a service robot that is developed by *Center for Intelligent Robotics* (CIR). The evaluation results in 95.5% in precision and 91.3% in recall compared to manual identification. [Cho et al. 2012]

## 3.2 실전 예제 2

다음은 소프트웨어 구조에 대한 논문의 초록이다.

### 🌳 초안

[(a) This paper presents an approach for embodying non-functional requirements (NFRs) into software architecture using architectural tactics. (b) Architectural tactics are reusable architectural building blocks providing general architectural solutions for commonly occurring issues related to quality attributes. (c) In the approach, architectural tactics are represented as feature models and their semantics is defined using the Role-Based Metamodeling Language (RBML). (d) Given NFRs, architectural tactics are selected and composed. (e) The composed tactic is used to instantiate an initial architecture for the application where the NFRs are embodied.]<-해법 설명
(f) [A stock trading system is used to demonstrate the approach.]<-해법 시연

먼저 문장의 구조를 파악해보면 (a)는 이 논문이 제안하는 해법을 설명하고 (b)는 논문의 주제인 "architectural tactics"에 대해 설명하고 있으며 (c), (d), (e)는 (a)의 해법을 (b)의 "architectural tactics"와 연결하여 구체적으로 설명하고 있다. (f)는 "trading system"을 이용하여 제안된 해법의 시연을 설명한다.

이 예제에서 주된 문제점은 이 연구에서 해결하고자 하는 문제에 대한 설명이 없다는 것이다. 시작부터 바로 논문이 제시하는 해법을 설명한다. 하지만 이 해법이 무슨 문제를 해결하기 위한 것인지 알 수가 없다. 다음 수정을 보자.

나도 영어 논문 써볼까?

(A) Software development is initiated by functional requirements (FRs) and non-functional requirements (NFRs). (B) However, NFRs are often considered in later development phases. (C) This makes it difficult to satisfy NFRs and often causes changes to the previously developed artifacts. (D) This is mainly attributed to the lack of techniques that help embodiment of NFRs in the early development phase. (a) **This paper presents an approach for embodying non-functional requirements (NFRs) into software architecture using architectural tactics.**

새로 추가된 문장 (A)는 배경을 설명하고 (B)는 연구 동기, (C)와 (D)는 연구 문제를 제기한다. 이렇게 단계적으로 연구 문제를 제기한 후 (a)에서 그 문제에 대한 해법을 제시하면 흐름이 논리적으로 전개된다.

문장 (b)를 보자. (b)를 보면 문장 (a)의 "architectural tactics"를 주어로 하고 있다. 즉, (b)는 "architectural tactics"를 설명하는 것이다. 이런 경우 두 문장을 연결해주면 단어의 중복을 피하면서 문장이 매끄럽게 읽힌다. 다음 수정된 문장을 보자.

(a) In ~~T~~this paper, we present~~s~~ an approach for systematically embodying ~~non-functional requirements~~ (NFRs) into software architecture using architectural tactics (b) which ~~Architectural tactics~~ are reusable architectural building blocks that provid~~ing~~e general architectural solutions for commonly occurring issues related to quality attributes.

(a)와 (b)가 "which"로 연결되면서 문장이 자연스럽게 흐른다. 또한, 주어를 "we"로 바꾸어 좀 더 적극적인

표현으로 바꾸었고 "systematically"를 추가하여 해법의 체계성을 부각시켰다. 앞서 추가된 문장 (A)에서 "NFR" 소개됐기 때문에 따로 설명할 필요가 없다.

조안 분장 (c)를 보면 새로운 용어 "Role-Based Metamodeling Language (RBML)"이 나온다. 하지만 이것에 대한 설명이 빠져있어 다음과 같이 간략한 설명을 추가해 줄 수 있다.

(c) In the approach, architectural tactics are represented as feature models and their semantics is defined using the Role-Based Metamodeling Language (RBML), which is a UML-based pattern specification language.

간략한 설명이지만 이해를 돕는다. 해당 분야에서 널리 사용되는 용어는 굳이 설명이 필요 없지만, 이 예제처럼 저자들이 제시하는 용어인 경우 설명을 해주어야 한다.

마지막으로 문장 (d), (e), (f)를 보자. 문장 (d)는 특별한 문제는 없지만 좀 더 개선될 수 있는 부분이 있다. 문장 (e)에서는 "where" 절 이하의 내용이 장황하다. 문장 (c)는 수동태로 쓰여져 연구의 적극성이 부족해 보인다. 다음과 같이 수정해 보자.

(d) Given a set of NFRs, architectural tactics are selected and composed. (e) The composed tactic is then used to instantiate an initial architecture for the target application ~~where the NFRs are embodied~~. (f) We demonstrate~~-~~the approach using ~~A~~a stock trading system ~~is used to demonstrate the approach~~.

먼저 (d)를 보면 "NFRs"를 "a set of NFRs"로 표현하여 정리된 느낌을 준다. (e)에 "then"을 추가하여 (d)와 순차적인 연결성을 만들었고 (e)의 "where"절을 삭제하고 "target"을 추가하여 문장을 간결하게 정리했다. (f)의 수동태를 능동태로 바꾸어 적극적인 표현으로 수정했다.

※ 교정 후

Software development is initiated by functional requirements (FRs) and non-functional requirements (NFRs). However, NFRs are often considered in later development phases. This makes it difficult to satisfy NFRs and often causes changes to the previously developed artifacts. This is mainly attributed to the lack of techniques that help embodiment of NFRs in the early development phase. In this paper, we presents an approach for systematically embodying NFRs into software architecture using architectural tactics which are reusable architectural building blocks that provide general architectural solutions for commonly occurring issues related to quality attributes. In the approach, architectural tactics are represented as feature models and their semantics is defined using the Role-Based Metamodeling Language (RBML), which is a UML-based pattern specification language. Given a set of NFRs, architectural tactics are selected and composed. The composed tactic is then used to instantiate an initial architecture for the target application. We demonstrate the approach using a stock trading system. [Kim et al. 2011]

## 3.3 실전 예제 3

다음은 생산품 데이터 관리(PDM)에 관한 논문의 초록이다.

🌳 **초안**

[(a) Product data management (PDM) systems typically offer proprietary role-based access control (RBAC) for data authorization internal to a corporation. (b) A corporation's global supply chain operations, however, are subject to external government regulatory constraints and require the ability to interoperate with external data authorization sources.]<-배경 (c) [The current XACML language specification does not include the ability to classify and relate the targets of a data authorization policy.] (d) [This is required in the language to be able to model the behavior of real-world business domain objects.]<-문제 제기 [(e) This research presents an extension of the XACML schema 3.0 to support ontology testing in the global supplier network domain of product data management systems. (f) This extension is implemented in an open source policy decision point based on XACML 3.0. (g) Ontology testing schema additions will provide the ability of a policy set to classify and relate the targets of a data authorization policy, thus providing the ability for domain object modeling.]<-해법 (h) [This implementation is specific to PDM objects and the global supplier domain of operations.]<-해법 실현

먼저 문장의 흐름을 보면 (a)와 (b)는 "PDM system"의 "data authorization"과 그에 따른 "external government regulatory"의 영향에 대한 배경을 설명하고 (c)는 "data authorization"을 기술하는 데 쓰이는 XACML의 한계점을 지적하고 있으며

(d)는 그 한계점을 극복하기 위해 XACML 에 필요한 것을 지적한다. (e)와 (g)는 제기된 문제를 해결하기 위한 해법을 설명하고 (h)는 그 해법에 대한 실현을 설명한다.

전반적으로 논리적 흐름은 무난 하나 정리되지 않은 표현들이 다수 있다. 먼저 (b)를 보면 앞 문장의 (a)와 전혀 연결되지 않는다. 즉, (a)는 "role-based access control"에 대해 설명하는 반면 (b)는 "external government regulatory constraints"에 대해 설명한다. 또한 (a)와 (b)가 별개의 것을 설명하기 때문에 (b)의 "however"는 적절하지 않다. (b)를 다음과 같이 수정해 보자.

---

(b) At the same time, ~~A corporation's global~~ the supply chain operations of the corporation, ~~however,~~ are subject to external government regulatory constraints, which ~~and~~ requires the PDM system be able ~~the ability~~ to interoperate with external data authorization sources.

---

먼저 문장 앞에 "At the same time"을 넣어 (a)와 연결한다. 즉, 기업에서 "role-based access control"을 쓰기도 하지만 동시에 "external government regulatory constraints"의 영향도 받음을 설명한다. 또한, "and"를 "which"로 바꾸어 "which" 이하가 자연스럽게 "external government regulatory constraints"를 설명해 준다. 마지막으로 "corporation"을 뒤로 옮겨 설명의 핵심인 "the supply chain operation"을 강조했다.

(a)와 (b)는 문제 제기를 위한 배경을 설명하고 그러한 배경을 바탕으로 (c)와 (d)에서 문제를 제기한다. 하지만 문제 제기가 확연히 나타나지 않는다. 또한, (d)를 보면 "in the language to be able to model"의 주체가 주어 "This"가

아닌 "language"로 문장을 이해하는데 혼동이 생긴다. (c)와 (d)를 다음과 같이 수정해 보자.

---

(c) However, the current version of Extensible Access Control Markup Language (XACML) ~~language specification~~ does not ~~include~~ support ~~the ability to~~ classifying and relat~~e~~ing the targets of a data authorization policy ~~This~~, (d) which ~~is~~ are required ~~in the language to be able~~ to model the behavior of real-world business domain objects.

---

먼저 (c)의 첫마디에 "However"를 넣어 강하게 문제 제기를 시작한다. 또한 (c)와 (d)를 "which"로 연결하여 혼란을 줬던 "in the language to be able to model"이 삭제되고 표현이 간결하고 명확해진다. 또한, "XACML" 약어가 처음 나오기 때문에 무엇을 의미하는지 풀어서 써줄(spell out) 필요가 있고 "does not include the ability"의 완곡한 표현을 "does not support"의 직접적인 표현으로 바꾸어 문제 제기를 명확히 했다. 이러한 직접적 표현은 문제에 대한 확신을 나타내기도 한다.

(e), (f), (g)는 문장들이 서로 논리적으로 연결되지 않는다. 먼저 문맥상 (f)의 위치가 뜬금없다. (f)에서 언급하는 "implementation"은 (g)를 건너뛰고 그 다음 문장인 (h)에서 다시 언급되고 있다. 다음과 같이 수정해 보자.

---

(e) In ~~T~~this research, we present~~s~~ an extension of the XACML schema ~~3.0~~ to support ontology testing in the global supplier network domain of ~~product data management~~ PDM systems. (f) ~~This extension is implemented in an open-source policy decision point based on XACML 3.0.~~ (g) ~~Ontology testing schema~~

~~additions~~ The extension ~~will provide the ability of~~ enables a policy set to classify and relate the targets of a data authorization policy, thus providing the ability for domain object modeling.

먼저 원문의 (e)를 보면, "3.0"이라는 버전(version) 정보가 포함되었다. 이러한 정보는 도구 개발과 같이 버전에 대한 구체적 설명이 필요한 경우에는 유용하나 (a)와 같이 도구 개발과 관련 없는 경우 굳이 쓸 필요가 없다. "product data management"의 약어인 "PDM"이 (a)에 이미 소개되어 다시 풀어쓰지 않아도 된다. (f)는 "implementation"에 대한 설명으로 (h)와 연결된다. 따라서 (h)와 연결하기 위해 삭제됐다. (g)에서 언급하는 "Ontology testing schema additions"는 앞 문장에서 전혀 언급되지 않은 내용으로 문장의 흐름을 끊는다. 다만 문맥상 이것이 (e)의 "extension"을 의미함을 유추해 볼 수 있다. 이를 바탕으로 (g)의 주어를 "The extension"으로 바꾸어 앞의 문장과 자연스럽게 연결했다. 논문에서는 후속 연구에 대해 언급하는 결론(Conclusion) 이외에는 미래형을 잘 쓰지 않는다. 따라서 "will"이 삭제되었다.

(h)는 "implementation"에 대해 설명하고 있다. 하지만 문장 주어의 "This"가 무엇을 일컫는지 명확하지 않다. 다음과 같이 수정해 보자.

(f) We implement the extension in an open source policy decision point (PDP) based on XACML 3.0. (h) Th~~is~~e implementation is specific to PDM business objects and operations in the global supplier domain ~~of operations~~.

앞서 삭제된 (f)를 (h) 앞에 놓아 (h)에서 언급하는 "this implementation"이 무엇인지 명확해진다. 이때 "This"를 "The"로 바꾸어 문장의 흐름을 원활하게 했다. (f)는 "implementation"에 대해 설명하기 때문에 비진 징보가 유용하다. (h)의 "objects"와 "operations"을 연결하여 체계적이고 간결하게 표현했다.

### 🌳 교정 후

Product data management (PDM) systems typically offer proprietary role-based access control (RBAC) for data authorization internal to the corporation. At the same time, the global supply chain operations of the corporation are subject to external government regulatory constraints, which requires the PDM system be able to interoperate with external data authorization sources. However, the current version of Extensible Access Control Markup Language (XACML) does not support classifying and relating the targets of a data authorization policy which are required to model the behavior of real-world business domain objects. In this research, we present an extension of the XACML schema to support ontology testing in the global supplier network domain of PDM systems. The extension enables a policy set to classify and relate the targets of a data authorization policy, thus providing the ability for domain object modeling. We implement the extension in an open source policy decision point (PDP) based on XACML 3.0. The implementation is specific to PDM business objects and operations in the global supplier domain.

## 3.4  실전 예제 4

다음은 소프트웨어 프로세스 개선에 관한 논문의 초록이다.

### 초안

[(a) Software process assessment and improvement are continuous and important for business objectives. (b) Strengths and weaknesses are identified in a software process by process assessment and recommendations for planning improvements are produced. ]<-배경 (c) Recommendation quality greatly influences improvement planning and implementation.]<-연구 동기 [(d) CMMI and SPICE identify strengths and weaknesses, but they do not provide detail methods for developing recommendations. (e) Thus, practitioners use their own approaches to make recommendations and the resulting recommendations usually have poor quality.]<-문제 제기 [(f) In this paper, we describe a model for developing recommendation named ReMo based on analysis of findings. (g) ReMo does not substitute the existing assessment models on recommendation development, but supports them. (h) Recommendations are developed based on correlations analyses of findings. (i) We use four views -- assessment model view, organizational view, life cycle view, and business value view.]<-해법 (j) [ReMo is evaluated through twelve industry case studies from various domains.]<-검증

(a)와 (b)는 논문의 배경이 되는 "software process assessment and improvement"에 대해 설명한다. (c)는 "software process assessment and improvement"에서 "recommendation quality"가 중요함을 설명하며 (d)와 (e)는 "quality

나도 영어 논문 써볼까?

recommendation"을 만들기 위한 기술 부족에 대해 문제를 제기하고 (f)에서는 제기된 문제의 해법을 제시한다. (g), (h), (i)는 그 해법에 대해 부연설명을 하고 (j)는 해법의 검증을 설명한다.

각 문장을 차례대로 살펴보자. (a)와 (b)는 전반적으로 양호하다. 하지만, 일부 표현에서 매끄럽지 못한 부분이 있다. 다음 수정을 보자.

(a) Continuous ~~S~~software process assessment and improvement are ~~continuous and important~~ integral ~~for~~ to achieve business objectives. (b) Process assessment identifies ~~S~~strengths and weaknesses ~~are identified~~ in a software process ~~by process assessment~~ and produces recommendations for planning improvements ~~are produced~~.

먼저 (a)에서 "continuous"를 앞으로 옮겨 "continuous software process assessment and improvement"의 중요성을 강조했다. "important"와 같은 일반적인 표현보다 "integral"을 사용하여 좀 더 기술적(technical)인 인상을 준다. "to achieve"를 추가하여 목적이 명확해지고 (b)의 수동태를 능동태로 바꾸어 직설적으로 표현했다. 이러한 직설적 표현은 문장을 명확하게 한다.

문장 (c)는 표현이 불분명하고 (d)는 개별 예제 ("CMMI", "SPICE")의 사용으로 인해 제기된 문제의 일반성이 떨어진다. 다음과 같이 수정해 보자.

(c) The quality of ~~R~~recommendation ~~quality greatly influences~~ is critical for constructive improvement planning and

117

implementation. (d) ~~CMMI and SPICE also~~ While widely practiced assessment models (e.g., CMMI, SPICE) address identifying strengths and weaknesses and emphasize the importance of recommendations, ~~but do not~~ they lack in provid~~ing~~ ~~detail~~ concrete methods for developing recommendations.

(c)에서 강조하고자 하는 "quality"를 문장 앞에 놓아 부각시켰다. 또한 "greatly influences"라는 완곡한 표현을 "critical"의 직접적인 표현으로 바꾸어 중요성을 부각했고 "constructive"라는 긍정적인 표현을 써서 목적을 강조했다. (d)의 개별 예제들을 "widely practiced models"의 일반적인 표현으로 바꾸어 문제의 보편성 강조했다. 또한, "while"을 사용하여 "widely practiced models"의 단점도 지적했다. 단점을 지적하는 데 있어 "do not provide"라는 완곡한 표현을 "lack"의 직접적인 표현으로 바꾸어 문제점을 강하게 부각시켰다. "provide detail methods"에서 "detail"보다는 "concrete"가 문맥상 더 적절하다.

(e)와 (f)는 기술적 (technical) 표현이 부족하다. 다음 수정을 보자.

(e) ~~Thus,~~ This leads to ad-hoc pract~~ioners~~ices ~~to use using heir own approaches to make~~ in building recommendations ~~and the resulting recommendations usually~~ which often ~~have~~ result in poor quality of recommendations as witnessed in a review of the current practice. (f) ~~In this paper~~ To address this problem, we ~~describe~~ present a novel recommendation development model ~~for developing recommendation~~ named ReMo that enables systematic development of quality recommendations **based on** rigorous **analysis of findings** in various perspectives.

---

먼저 (e)에서 "Thus"의 사용이 적절하지 않다. "Thus"는 일반적으로 논리적 전개를 통해 결론을 유추할 때 사용한다. 하지만 여기서는 그런 논리성보다는 앞 문장에서 서술한 현상들을 바탕으로 단순히 문제를 제기하는 것으로 "leads to"가 더 적절하다. 또한, 제기된 문제에 대한 특별한 근거 없이 "usually"라는 다소 강한 표현을 썼다. 이를 "often"으로 표현하여 어조를 낮추고(tone down) 이에 대한 근거로 "as witnessed in a review of the current practice"을 추가했다. (f)의 시작을 "To address this problem"으로 하여 해법을 설명하고 있음을 직설적으로 표현했다. "describe"는 앞서 언급된 사항이나 기존의 것을 설명할 때 쓴다. 하지만 이 문장에서는 논문이 제안하는 새로운 해법을 소개하는 것으로 "present"가 적절하다. 연구에서 제안한 해법이 새로운 것임을 강조하기 위해 "novel"을 추가하였고 해법의 장점을 "that" 이하에서 설명한다.

(g), (h), (i), (j)는 대체로 무난하다. 약간의 수정을 보자.

---

**(g) ReMo is intended** ~~ReMo does not substitute~~ **to complement the existing assessment models on recommendation development** ~~but supports them~~. **(h) Recommendations are developed based on correlations analyses of findings in** (i) ~~We use~~ **four views -- assessment model view, organizational view, life cycle view, and business value view. (j) ReMo is evaluated** for its quality as a process and the quality of its outcomes **through twelve industry case studies from various domains.**

(g)에서는 ReMo 의 한계점(limitation)을 기술한다. 모든 연구에는 한계점이 있고 그러한 한계점을 분명하게 기술해야 한다. 한계점은 앞으로 해결해야 할 새로운 과제를 제시하는 중요한 역할을 한다. 따라서 있는 그대로 설명해야 한다. 하지만 연구를 처음 소개하는 초록에서 그러한 한계점을 굳이 드러낼 필요는 없다. 부정적 선입견을 줄 수 있기 때문이다. 일반적으로 한계점은 교훈(Lessons Learned)이나 타당성(Threats to Validity) 또는 결론(Conclusion) 부문에서 설명한다. 부득이하게 초록에 넣어야 할 경우 최대한 완곡하게 표현한다. 예를 들어 위의 예제처럼 능동태를 수동태로 바꾸거나 "not"과 같은 부정적인 단어 대신 "complement"와 같은 긍정적 표현을 쓴다. 같은 의미지만 긍정적으로 표현하면 독자들도 긍정적으로 받아들이게 된다. (h)에서 말하는 "correlation analyses of findings"는 (i)에서 설명하는 "four views"를 바탕으로 이루어진다. 따라서 두 문장을 연결하여 좀 더 자연스러운 문맥이 형성되었다. (j)에서는 평가 목적을 "for" 이하에 추가하여 문장을 좀 더 명확히 했다.

### 🌳 교정 후

Continuous software process assessment and improvement are integral to achieve business objectives. Process assessment identifies strengths and weaknesses in a software process and produces recommendations for planning improvements. The quality of recommendations is critical for constructive improvement planning and implementation. While widely practiced assessment models (e.g., CMMI, SPICE) address identifying strengths and weaknesses and emphasize the importance of recommendations, they lack in providing concrete methods for developing recommendations. This leads to ad-hoc practices in building recommendations which often results in poor quality of recommendations as witnessed in a review of the current practice. To address this problem, we present a novel recommendation development model named ReMo that enables systematic development of quality recommendations based on rigorous analyses of findings in various perspectives. ReMo is intended to complement the existing assessment models on recommendation development. Recommendations are developed based on correlations analyses of findings in four views -- assessment model view, organizational view, life cycle view, and business value view based on a study of success factors for software process improvement and field interviews. ReMo is evaluated for its quality as a process and the quality of its outcomes through twelve industry case studies from various domains.

## 3.5 실전 예제 5

다음은 스마트 그리드(smart grid)를 위한 애플리케이션들 간의 상호운용성 (interoperability)에 관한 논문의 초록이다.

**초안**

[(a) A smart grid is an electrical power grid infrastructure for efficient, reliable, and safe use of power using automated monitoring and control of data and communication. (b) IEC 61850 and IEC 61970 are core standards in the smart grid domain for substation automation and power operation management. (c) IEC 61950 and IEC 61970 have significant data exchanges and high compatibility is needed between the two standards.]<-배경 [(d) However, they have different perspectives and have evolved independently. (e) Because of that, IEC 61850 and IEC 61870 are not compatible and practitioners use a different mapping between the standards. (f) This causes significant issues on interoperability.] <-문제 제기 [(g) A solution for this would be to define a common semantic model of the standards and provide a transformation method for transforming models between the standards and the common semantic model. (h) In this paper, we present a metamodeling approach for unifying IEC 61850 and IEC 61970 and transforming models using QVT.]<-해법 (i) [We demonstrate the approach using a power transformer example.]<-해법 시연

내용을 살펴보면 (a)는 논문의 배경이 되는 "smart grid"에 대해 설명하고 (b)와 (c)는 "smart grid"를 지원하는 IEC 61850과 IEC 61970 표준 문서를 설명한다. (d), (e), (f)는 IEC 61850과 IEC 61970 간의 비호환성(incompatibility)으로 인한

애플리케이션(applications)간의 상호운용성(interoperability)에 관한 문제를 제기하며 (g)는 그 문제에 대한 일반적 해법을 제시한다. (h)는 그 해결책의 구체적 실천 방안을 설명하고 (e)는 데모(demo)를 통한 해법 시연을 설명한다.

(a)는 전반적으로 무난해 보인다. 몇 가지 표현만 수정해 보자.

---

(a) A smart grid is an electrical power grid infrastructure for improved efficien~~cy~~, reliabil~~ity~~, and safety ~~use~~ of power use ~~using~~ supported by automated monitoring and control of data and communication.

---

(a)는 "smart grid"에 대해 설명한다. "improved"를 추가하여 "smart grid"의 장점을 부각하고 그 장점을 가능케 한 원천을 "supported by"로 보충 설명했다.

(b)와 (c)는 논문의 주제인 IEC 61850 과 IEC 61970 에 대해 설명한다. 하지만 표현이 명확하지 않다.

---

(b) IEC 61850 and IEC 61970 are core standards in the smart grid domain ~~for substation automation and power operation management~~ where IEC 61850 standardizes substation automation, while IEC 61970 addresses power operation management. (c) ~~IEC 61850 and IEC 61970 have~~ There are significant data exchanges involved between IEC 61850 and IEC 61970, ~~and~~ which requires high compatibility ~~is needed between the two standards~~ each other.

---

123

먼저 (b)를 보면 IEC 61850 과 IEC 61970 의 설명이 명확하게 구분되지 않는다. 이를 "where"를 이용하여 구분해 주었다. "where" 대신 "respectively"를 사용할 수도 있으나 각각에 대한 설명이 다소 길어 명확함이 떨어진다. 또한, "while"을 사용하여 IEC 61850 과 IEC 61970 의 차이점을 부각시켰다. (c)에서는 "There"를 사용하여 문장의 핵심 내용인 "significant data exchanges"을 강조했고 "and" 이하 절을 "which"로 연결하여 문맥을 부드럽게 하였다.

(d), (e), (f)는 연구에서 해결하고자 하는 문제를 제기한다. 전달하고자 하는 의미는 전달되나 표현이 매끄럽지 못하다.

---

(d) However, ~~they have~~ due to different perspectives and ~~have evolved~~ independent~~ly~~ evolution. (e) ~~Because of that,~~ IEC 61850 and IEC 61870 are not compatible and practitioners ~~use~~ have to come up with ~~a different~~ their own data mapping between the standards in an ad-hoc manner. (f) This ~~causes~~ has led to significant issues on interoperability and data consistency in smart grids.

---

먼저 (d)는 문제의 원인을 설명하고 (e)는 원인에 대한 결과를 설명한다. 인과 관계에 있는 이 두 문장을 "due to"로 연결하여 문맥을 부드럽게 했다. 원인에 대한 문제점을 설명하면서 "have to"를 사용하여 강제성이 있음을 표현했다. "their own"을 추가하여 실행자(practitioners)가 그들만의 고유의 지정(mapping)을 사용하고 있음을 부각했다. (f)에서는 (e)에서 제기된 문제가 구체적으로 "smart grid"에서 상호운용성과 데이터 일관성(data consistency)에 대한 문제가 됨을 설명한다. 또한, "has led to"를 사용하여 제기된 문제가 지금까지 지속하고 있음을

표현했고 "smart grid"의 또 다른 중요한 속성인 데이터 일관성에 대해서도 언급했다.

(g)는 앞서 제기한 문제에 대한 일반적 해결 방안을 설명한다. 전반적으로 무난하다. 몇 가지만 수정해 보자.

(g) An effective solution for this ~~would be~~ is to define a common semantic model of the standards and provide a systematic transformation method for transforming ~~models between~~ an instance of the standards ~~and~~ to an instance of the common semantic model and vice versa.

먼저 "effective"와 "systematic"을 사용하여 제안하는 해법의 장점을 부각시켰다. 또한, 사례(instance)를 추가하여 변환의 대상이 IEC 61850 과 IEC 61970 의 사례임을 명확히 했다. 논문과 같은 기술 보고에서 이러한 명확성은 중요한 부분이다. 또한, "vice versa"를 추가하여 변환이 양방향으로 이루어짐을 나타냈다.

(h)는 (g)에서 제안한 해법이 해당 연구에서 어떻게 구체적으로 실행되는지 설명한다. (h)와 (g)는 특별히 수정할 것이 없다.

(h) In this paper, we present a metamodeling approach for unifying IEC 61850 and IEC 61970 and transforming models using Query/View/Transformation (QVT). (i) We demonstrate the approach using a power transformer example.

(h)에서 "QVT" 축약어가 처음 소개됐기 때문에 펼쳐서 설명했다.

나도 영어 논문 써볼까?

## 🌳 교정 후

A smart grid is an electrical power grid infrastructure for improved efficiency, reliability, and safety of power use based on automated monitoring and control of data and communication. IEC 61850 and IEC 61970 are core standards in the smart grid domain where IEC 61850 standardizes substation automation while IEC 61970 addresses power operation management. There are significant data exchanges involved between IEC 61850 and IEC 61970, which requires high compatibility each other. However, due to different perspectives and independent evolution, IEC 61850 and IEC 61870 are not compatible and practitioners have to come up with their own data mapping between the standards in an ad-hoc manner. This has led to significant issues on interoperability and data consistency in smart grids. An effective solution for this is to define a common semantic model of the standards and provide a systematic transformation method for transforming an instance of the standards to an instance of the common semantic model and vice versa. In this paper, we present a metamodeling approach for unifying IEC 61850 and IEC 61970 and transforming models using Query/View/Transformation (QVT). We demonstrate the approach using a power transformer example. [Kim et al. 2013]

## 3.6 실전 예제 6

다음은 소프트웨어 디자인 패턴에 관한 논문의 초록이다.

### 🌳 초안

[(a) Many reusable software artifacts make use of UML sequence diagrams to describe interaction behaviors. (b) When a reusable artifact is reused in an application, it is important to ensure that the sequence diagrams for the application conform to the corresponding sequence diagrams of the reused artifact.]<-배경 [(c) However, conformance verification has not been resolved yet.]<-문제 제기 (d) In this paper, we provide a semantic-based formalization of conformance relationships between sequence diagrams. (e) A new trace semantics is given that captures required behaviors. (f) A refinement relation between sequence diagrams is defined based on the semantics. (g) The refinement relation allows a sequence diagram to be refined by changing the structure of the sequence diagram if the required behaviors are unchanged. (h) A conformance relation between sequence diagrams is given that includes the refinement relation. (i) Using the relation, one may introduce and rename lifelines, messages and system variables in reusing sequence diagrams.]<-해법 (j) [We apply the semantics to two case studies.]<-사례 연구

(a)와 (b)는 논문의 배경이 되는 재사용 가능한 가공품(reusable artifacts)에 대해 설명한다. (c)는 가공품(artifacts)의 사용에 있어 적합성(conformance)에 대한 문제를 제기하고 (d)는 그 문제에 대해 논문이 제안하는 해법을 설명한다. (e), (f), (g), (h), (i)는 제안된 해법에 대해

부연설명을 하고 (j)는 사례 연구(case study)를 통한 해법의 검증을 설명한다. 전반적으로 무난한 구조이다.

표현에 대해 살펴보자. 먼저 (a)에서 가공품에 대한 구체적 설명이 필요하다. 소프트웨어 가공품은 그 종류가 다양하여 구체적인 설명이 없으면 막연하게 느껴진다.

(a) Many reusable software artifacts such as design patterns and design aspects make use of UML sequence diagrams to describe interaction behaviors. (b) When ~~a reusable artifact~~ a pattern or an aspect is reused in an application, it is important to ensure that the sequence diagrams for the application conform to the corresponding sequence diagrams ~~of the reused artifact~~ for the pattern or aspect.

먼저 (a)를 보면 가공품에 대한 구체적인 설명을 위해 "such as design patterns and design aspects"를 추가하였고 (b) 역시 "reusable artifact" 대신 (a)에서 언급한 예를 사용하여 구체화하였다.

(c)는 연구에서 해결하고자 하는 문제를 설명하고 (d)는 제기된 문제에 대한 해법을 설명한다. (c)는 문제에 대한 설명이 너무 함축적이어서 의미 전달력이 떨어지고 (d)는 해법의 범위가 명확하지 않다. 따라서 좀 더 구체적 설명이 필요하다.

(c) However, reasoning about ~~c~~conformance ~~verification~~ relationship between sequence diagrams has not been ~~resolved yet~~ addressed adequately in literature. (d) In this paper, we focus on required behaviors specified by a UML sequence diagram and provide a semantic-based formalization of conformance relationships between sequence diagrams

민지 (c)를 보면, "reasoning"을 추가하여 좀 더 논리적인 표현으로 바꾸었고 "relationship between sequence diagrams"를 넣어 문장 앞에서 언급하는 "conformance reasoning"의 대상을 구체화 했다. 또한 "resolve"를 "address"로 바꾸어 좀 더 격식적(formal)으로 표현했다. (d)에서는 연구 범위(scope)를 추가하여 해법의 구체성을 높였다. 일반적으로 연구 범위는 서론에서 설명하는 것이 일반적이지만, 위의 예처럼 연구 전반에 걸친 범위는 초록에서 언급하기도 한다.

(e), (f), (g), (h)는 연구 방법에 대한 설명으로 대체로 무난하다. 몇 가지만 살펴보자.

(e) A ~~new~~ novel trace semantics is first given that captures required behaviors. (f) A refinement relation between sequence diagrams is then defined based on the semantics. (g) The refinement relation allows a sequence diagram to be refined by changing ~~the~~ its structure ~~of the sequence diagram~~ if the required behaviors are ~~unchanged~~ preserved. (h) A conformance relation between sequence diagrams is finally given that includes the refinement relation as a special case.

먼저 (e)를 보면 "new"를 "novel"로 바꾸어 기술적으로 표현했고 "first"를 사용하여 순차적 구조로 설명했다. (e)의 "first"에 맞추어 (f)에 "then"을 추가했고 (g)의 "of the sequence diagram"을 "its"로 표현하여 문장을 간소화했다. 만약 "sequence diagram"의 "structure"를 강조하고 싶다면 위의 표현대로 "of"를 사용하는 것이 효과적이지만 여기서는 "structure"가 문맥상 뒤에 나오는 "required behaviors"를 보존(preserve)하려는 수단으로서 특별히 강조할 필요가 없다. (h)에 "finally"를 넣어 (e)의 "first"와 (f)의 "then"과 연계했다. "as a special case"를 추가해 "conformance relation"과 "refinement relation"의 관계를 간접적으로 설명했다.

(i)는 앞서 제안한 해법의 장점을 설명하며 (j)는 사례 연구를 통한 해법의 검증을 설명한다. (i)의 경우 내용상 오류가 있고 (j)의 경우 검증의 목적이 빠져 있다. 다음 수정을 보자.

(i) ~~Using the relation,~~ **The trace semantics together with the refinement and conformance relations allows one** ~~may~~ **to introduce and rename lifelines, messages and system variables in reusing sequence diagrams.** (j) ~~We apply the presented sematics to t~~**Two case studies** are provided to illustrate the efficacy of semantic-based conformance reasoning.

먼저 (i)의 내용을 보면 "sequence diagrams"의 재사용에 있어 앞서 언급된 "conformance relation"을 통해 "lifelines", "messages", "system variables"역시 재사용됨을 설명한다. 하지만 이러한 재사용은 "conformance relation"만을 통해 가능한 것이 아니라 (e), (f), (g), (h)에서 설명하는 모든 기능을 합쳐야 가능하다. 따라서 "Using the relation"은 내용상 오류다. 그러므로 "Using the relation"을 "The trace semantics together with the refinement and conformance relations"로 바꾸어 오류를 수정하였다. 이러한 오류는 연구의 내용을 이해해야 발견할 수 있는 것으로 논문 수정이 단순히 영어만을 위한 작업이 아님을 보여주는 예이다.

"may" 대신 "allows"를 사용하여 연구에서 제안하는 해법의 장점을 부각했다. (j)에서는 검증의 목적이 "efficacy"임을 명확히 했다.

🌳 교정 후

Many reusable software artifacts such as design patterns and design aspects make use of UML sequence diagrams to describe interaction behaviors. When a pattern or an aspect is reused in an application, it is important to ensure that the sequence diagrams for the application conform to the corresponding sequence diagrams for the pattern or aspect. However, reasoning about conformance relationship between sequence diagrams has not been addressed adequately in literature. In this paper, we focus on required behaviors specified by a UML sequence diagram and provide a semantic-based formalization of conformance relationships between sequence diagrams. A novel trace semantics is first given that captures required behaviors. A refinement relation between sequence diagrams is then defined based on the semantics. The refinement relation allows a sequence diagram to be refined by changing its structure if the required behaviors are preserved. A conformance relation between sequence diagrams is finally given that includes the refinement relation as a special case. The trace semantics together with the refinement and conformance relations allows one to introduce and rename lifelines, messages and system variables in reusing sequence diagrams. Two case studies are provided to illustrate the efficacy of semantic-based conformance reasoning.

## 3.7 실전 예제 7

다음은 소프트웨어 프로세스 연관성 분석에 관한 논문이다.

### 🌸 초안

(a) Model-based software process improvement has been widely practiced in software organizations regardless of development methodology. (b) Process reference models such as CMMI provide a set of correlated processes for software and system development. (c) By agile manifesto such as frequent release and customer-developer co-work, understanding correlations among processes such as requirement, release planning, coding, and testing is essential to implement agile practices.]<-배경 [(d) However, correlations among processes are often overlooked in identifying improvement agenda due to required expertise and considerable efforts.]<-문제 제기 [(e) The proposed process correlation analysis method aims to enable efficient identification of process correlations based on process assessment results. (f) The correlation is defined with the CMMI model and empirical data on improvement identification practice.]<-해법 [(g) The presented method is evaluated using industrial data and the results show the potential of the method.]<-검증

먼저 구조를 살펴보면 (a), (b), (c)는 연구의 배경을 설명하고, (d)는 그 배경을 바탕으로 문제를 제기하며, (e)와 (f)는 제기된 문제에 대한 해법을 설명하고 (g)는 그 해법의 검증을 설명한다. 기본 구조는 갖춰져 있으나 각 항목에 대한 설명이 고르지 못하다. 하나씩 자세히 살펴보자.

(a)와 (b)는 전개가 무난해 보인다. (a)는 "software process improvement"를 위한 일반적인 실행을 설명하고 (b)는 실행에 있어 사용되는 "process reference models"에 대해 설명한다. 하지만 (c)에서 뜬금없이 "agile manifesto"에 대해 설명한다. 따라서 문맥이 끊긴다. 다음과 같이 수정해 보자.

---

(a) Model-based software process improvement has been widely practiced in software organizations regardless of development methodology. (b) A ~~P~~process reference models ~~(such as~~ e.g., CMMI) provides a set of correlated processes for software and system development. (c) ~~By~~ In agile ~~manifesto~~ development, ~~such as frequent release and customer-developer co-work,~~ understanding of process correlations among ~~processes such as~~ requirements, release planning, coding, and testing is ~~essential~~ integral to implement agile practices per agile manifesto.

---

먼저 (b)의 주어를 단수로 바꾸어 문장을 명확히 했다. 단수는 복수보다 표현과 이해에 있어 명확하다. (c)의 "agile manifesto"를 문장 뒤로 옮기고 "In agile development"를 써서 문맥의 전환을 부드럽게 해주었다. 이는 또한 독자가 문맥 전환을 예상할 수 있게 해준다. "such as"는 구체적인 설명이 필요한 경우 유용하나 초록처럼 핵심 내용을 요약하는 문단에서는 가급적 피하는 것이 좋다. "essential"보다는 "integral"이 좀 더 기술적 표현이다.

(d)는 연구에서 해결하고자 하는 문제를 제기한다. 문제 제기는 연구의 동기를 부여하는 것으로 강하고 명쾌하게 표현해야 한다. 하지만 이 예제에서는 약하다. 다음과 같이 수정해 보자.

(d) However, ~~correlations among processes are~~ the current practice often overlook~~eds~~ process correlations in ~~identifying~~ developing an improvement agenda due to lack of required expertise and considerable efforts.

문제를 제기함에 있어 문제의 주체를 명확히 해야 한다. 하지만 원문의 동사가 수동태로 되어있어 문제의 주체가 분명하지 않다. 수동태를 능동태로 바꾸고 주어를 "the current practice"로 바꿔 문제의 주체를 명확히 했다. 또한 "lack of"라는 부정적인 표현을 사용하여 문제의 심각성을 부각했다. 이때 주의할 것은 과도한 표현은 삼가야 한다. 과도한 표현은 독자나 심사위원으로부터 반감을 살 수 있다.

(e)와 (f)는 앞서 제기한 문제에 대한 해법을 설명한다. 전달하려는 내용은 전달되지만 표현이 매끄럽지 못하다. 다음과 같이 수정해보자.

(e) ~~The proposed~~ In this paper, we present a process correlation analysis ~~method~~ model ~~aims to enable efficient identification of~~ that helps identify process correlations ~~based on~~ from process assessment results. (f) The ~~correlation~~ method is defined ~~with the~~ based on CMMI ~~model~~ and empirical data on improvement identification practice.

먼저 (e)의 "The proposed method"가 무엇을 의미하는지 명확하지 않다. 이것을 "we present"로 표현하여 소개 문장으로 바꾸었고 "method"를 "model"로 바꾸어 논문의 내용과 맞췄다. 이런 수정은 단순히 문장의 이해로만 되는 것이 아니라 논문 전체에 대한 이해가 있어야 한다. "efficient"와 같은 표현은 검증이 필요하다. 하지만 이 논문에서는 "efficiency"에 대한 검증을 따로 하지 않는다. 따라서 "efficient"를 "helps"로 바꾸었다. "based on"은 우리나라 사람들이 자주 쓰는 표현 중 하나다. 하지만 적절하게 쓰는 것이 중요하다. "based on"은 일반적으로 원리(principles)나 가정(assumptions)과 같이 어떠한 근거를 바탕으로 할 때 쓴다. 하지만 이 예제에서는 "process assessment results"가 "process correlations"을 식별하는 직접적인 근원(source)이 되기 때문에 문맥상 "from"이 더 적절하다.

(g)는 앞서 제안한 해법의 검증을 설명한다. 하지만 간접 표현을 사용하여 의미 전달력이 떨어지고 주관적 관점이 들어가 있어 객관성이 떨어진다. 다음과 같이 수정해 보자.

(g) ~~The presented method is~~ We evaluate~~d~~ the presented model using industrial ~~data and the results show the potential of the method~~ case studies.

먼저 수동태를 능동태로 바꾸어 저자들의 자신감과 적극성을 표현했다. "the results show the potential of the method"와 같은 주관적 견해는 삼가는 것이 좋다. 이러한 표현이 저자들의 자신감을 나타내주기도 하지만 객관적 근거가 없이는 비판의 원인이 될 수 있다.

### 🌳 교정 후

Model-based software process improvement has been widely practiced in software organizations regardless of development methodology. A process reference model (e.g., CMMI) provides a set of correlated processes for software and system development. In agile development, understanding of process correlations among requirements, release planning, coding, and testing is integral in implementing agile practices per agile manifesto. However, the current practice often overlooks process correlations in developing an improvement agenda due to lack of required expertise and considerable efforts. In this paper, we present a process correlation analysis model that helps identify process correlations from process assessment results. The method is defined based on CMMI and empirical data of improvement identification practices. We evaluate the presented model using industrial case studies.

## 4  간결함과 명확성

논문의 문장은 간결해야 한다. 그래야 전달하고자 하는 핵심을 독자들에게 보다 쉽게 전달할 수 있다. 특히 우리나라 말처럼 서술이 많은 언어를 사용하는 우리로서는 더욱 신경 써야 하는 부분이다. 또한, 전달하고자 하는 의미를 명확히 표현해야 한다. 논문은 기술 보고서이기 때문에 표현의 높은 명확성을 요구한다. 따라서 단어 하나하나의 선택에 신중함을 기해야 한다. 다양한 예제를 통해 간결함과 명확성에 대해 살펴보자.

## 4.1 실전 예제 1

이 예제는 생산품 데이터 관리(PDM)에 관한 논문의 일부다.

### 🌳 초안

The external regulatory agency authorization policies must be combined with the internal corporate authorization policies to obtain meaningful and effective authorization policies in the PDM's manufacturing global supplier domain.

이 문장의 가장 큰 단점은 너무 장황하다는 것이다. 문장이 장황하여 의미 전달력이 크게 떨어진다. 다음과 같이 수정해보자.

Authorization policies of ~~the~~ the external regulatory agency ~~authorization policies must~~ should be combined with the ~~internal~~ corporate's internal authorization policies ~~to obtain a meaningful~~ for effective enforcement of both in ~~effective authorization policy~~ in the PDM~~'s manufacturing global supplier~~ domain.

- 🍂 먼저 주어가 명사들의 나열로 인해 의미 전달이 명확하지 않다. 이런 경우 "of"를 사용하여 핵심 부분을 "of" 앞으로 옮기면 효과적이다. 예를 들어 "Authorization policies of the external regulatory agency"와 같이 표현하여 "of" 앞에 놓인 "Authorization policies"가 강조되고 따라서 가독성이 좋아진다. 또한, 이후 "must be combined"의 주체가 "Authorization policies"임도 명확해진다.

- 논문에서는 가급적 "must"와 같은 강한 어조는 피하는 것이 좋다. "must"는 절대적인 의미를 가지기 때문에 100% 확신하는 경우에만 사용해야 한다. 하지만 미개척 분야를 공부하는 연구에서는 100% 확신힐 수 있는 경우가 많지 않다. 그래서 많은 경우 "must" 대신 "should"를 사용한다.
- "the internal corporate authorization policies"의 표현 역시 명사의 나열로 인해 의미 전달력이 떨어진다. "of"나 소유격을 사용하여 문장의 목적을 분명히 해주는 것이 좋다. 예를 들어 "of"를 사용하여 "the internal authorization policies of the corporate"와 같이 표현하거나 소유격을 사용하여 "the corporate's internal authorization policies"와 같이 표현하는 것이 좋다.
- "meaningful and effective authorization policies"에서 "meaningful"이나 "effective"와 같은 모호한 단어들은 "authorization policies"를 수식하기에 적절하지 않다. 이러한 단어들을 "effective enforcement of both"로 표현하여 문장을 명확하게 했다. 여기서 "effective"는 원문의 "effective"와 달리 측정 가능한(quantitative) 것을 대상으로 하기 때문에 모호하지 않다. 즉, 원문에서 대상은 "authorization policy"로 "effectiveness"에 대한 측정이 모호하나 수정된 문장의 "effective"의 대상은 "enforcement of both"로 측정이 가능하다. 여기에서 "both"는 "Authorization policies of the external regulatory"와 "the corporate's internal authorization policies"를 지칭한다. "the PDM's manufacturing global supplier domain"의 표현 역시 명사들의 나열로 의미 전달이 명확하지 않다. 간략하게 "the PDM domain"로 표현할 수 있다.

## 교정 후

Authorization policies of the external regulatory agency should be combined with the corporate's internal authorization policies for effective enforcement of both in in the PDM domain.

## 4.2 실전 예제 2

이 예제는 디자인 패턴(design pattern)에 관한 논문의 일부다.

🌲 **초안**

In the approach, a design pattern is defined as a pair of problem and solution specifications and a transformation specification consisting of a mapping of the problem and solution specifications and a set of transformation rules.

이 문장에는 디자인 패턴을 정의하는 구성 요소를 설명한다. 하지만 하나의 문중에 너무 많은 내용이 함축되어 있어 전달하고자 하는 내용이 명확하지 않다. 다음과 같이 수정해 보자.

In the approach, a design pattern is defined ~~as a pair of~~ in terms of a **problem** specification, ~~and~~ a **solution specification**, and a **transformation specification**. The problem specification and the solution specification are paired. The transformation specification ~~consisting of~~ defines a **mapping** ~~of~~ between the **problem** specification and the solution specification and a set of **transformation rules** describing how problem elements should be transformed to solution elements.

🌿 먼저 "defined" 이후의 문장을 좀 더 분명하게 할 필요가 있다. 문맥상 "a pair of"는 "problem specification"과 "solution specification"을 일컫고 "transformation specification"은 또 다른 항목이다. 즉, "design pattern"을 세 가지 항목으로 정의한 것이다. 이를 "in terms of"를

사용하여 "in terms of a problem specification, a solution specifications, and a transformation specification"으로 표현해주면 세 가지 항목이 명확하게 보인다.

- "The problem specification and the solution specification are paired."를 추가해 "pair"를 명확히 했다.
- "Transformation"의 구성을 독립 문장으로 만들어 설명의 명확성을 높였다. "consisting of"를 "define"으로 표현하여 확고함을 나타냈고 "a mapping of"를 "a mapping between"으로 바꾸어 "mapping"의 관계를 명확히 했다. 또한, "describing how problem elements should be transformed to solution elements"를 추가하여 "transformation rules"에 대한 설명도 구체화했다.

### 교정 후

In the approach, a design pattern is defined in terms of problem specification, solution specifications, and a transformation specification. The problem specification and the solution specification are paired. The transformation specification defines a mapping between the problem specification and the solution specification and a set of transformation rules describing how problem elements should be transformed to solution elements.

## 4.3 실전 예제 3

이 예제는 서비스 로봇(service robot) 행동연구에 관한 논문의 일부다.

### 🍁 초안

> For fault-free data, the service robot was operated in the laboratory and we recorded only the execution involving no error.

이 문장은 여러 부분에서 명확성이 떨어진다. 먼저 "For fault-free data"에서 "For"의 목적이 불분명하다. "fault-free data"의 사용을 목적으로 하는지 아니면 "fault-free data"의 획득을 목적으로 하는지 명확하지 않다. 또한, "fault-free data"가 "laboratory"와 "successful executions"와 어떤 연관성이 있는지 역시 불분명하다. 마지막으로 "recorded"의 단어 선택이 문맥상 맞지 않는다. 이 사항들을 고려하여 다음과 같이 수정해 보자.

> ~~For~~ In order to obtain **fault-free data, the service robot was operated in** ~~the laboratory~~ a controlled environment **and** ~~we recorded~~ only successful execution**s** ~~involving no errors~~ without errors are considered.

- 🍁 "For" 대신 "In order to obtain"으로 표현하여 "fault-free data"의 목적이 획득을 위한 것임을 분명히 했다.
- 🍁 "laboratory"를 "controlled environment"로 바꾸어 기술적인 표현으로 바꾸었다.
- 🍁 문맥상 "recorded"가 적절하지 않다. "recorded"가 번역상 "기록했다."라는 의미로 자연스러워 보이나 영어적

표현으로는 적절하지 않다. 위와 같은 경우 "considered"나 "used"가 적절하다.
- "involving no error"를 "without errors"로 바꾸어 간결하게 표현했다.

## 교정 후

In order to obtain fault-free data, the service robot was operated in a controlled environment and only successful executions without errors are considered.

## 4.4 실전 예제 4

이 예제 역시 서비스 로봇(service robot) 행동연구에 관한 논문의 일부다.

🌳 **초안**

---

Through our approach, a set of identified functions is provided. It is useful to comprehend the execution of interleaved functions. Further, we observe that there exist invariant dependencies among specific functions so that it can be used to verify service execution.

---

먼저 첫 문장의 "a set of identified functions"가 의도된 결과물인지 아니면 부수적 결과물인지 명확하지 않다. 또한, 두 번째 문장의 "it"이 "a set of identified functions"를 가리키는지 "to comprehend"을 가리키는지 확실하지 않다. 세 번째 문장은 너무 장황하다. 이들 문장을 다음과 같이 수정해 보자.

---

~~Through our~~ In the presented **approach,** ~~a set of~~ we **identified**~~y~~ functions ~~is provided.~~ and ~~It is~~ use~~ful~~ the identified functions to ~~comprehend~~ analyze **the execution of interleaved functions.** ~~Further, w~~**We** also ~~observe~~ **investigate** ~~that~~ **the case where** ~~there exist~~ **functions have dependency invariants** ~~dependencies among specific functions so that it can~~ to **be used** ~~to~~ **for verifying service execution.**

---

🌸 논문에서는 가급적 "our"를 쓰지 않는다. 자칫 "우리 것"이라는 배타적인 느낌을 줄 수 있다. 따라서 "Through

- "our approach"를 "In the presented approach"로 바꾸어 객관성을 높였다.
- "identified functions"를 "we identify functions"로 바꾸어 "functions"를 식별하는 것이 연구의 목적임을 명확히 했다.
- "It is useful to comprehend"에 "and"를 추가하여 "and use the identified functions to comprehend"로 수정하여 앞의 문장과 자연스럽게 연결되고 목적 또한 명확해졌다. "comprehend"를 "analyze"로 표현하여 기술성을 높였다.
- "Further, we observe"는 우리말의 "더군다나 우리는 ~을 관찰한다"를 영어로 직역한 것으로 영어적 표현이 아니다. "Furthermore, we study" 또는 "We also investigate"로 표현하는 것이 적절하다. 문맥상 "investigate"는 "that"보다는 "the case where"와 더 잘 어울린다. "there exist invariant dependencies among specific functions"를 "functions have dependency invariants"로 바꾸어 문장의 의미가 더 명확해진다. "so that it can be used to verify"는 "to be used for verifying"로 간결하게 표현했다.

## 교정 후

In the presented approach, we identify functions and use identified functions to analyze the execution of interleaved functions. We also investigate the case where functions have dependency invariants to be used for verifying service execution.

## 4.5  실전 예제 5

다음은 서비스 로봇(service robot) 행동연구에 관한 논문의 또 다른 부분이다

**초안**

Although such components are reliable products, complexity of technologies, incompleteness of available documents, and lack of access to source code can make it difficult for developers of the system to comprehend its behavior.

이 문장은 콤마들이 너무 많아 가독성(readability)이 떨어진다. 이런 경우 문장을 분리하여 간소화한다. 문장이 간결해지면 이해도 높아진다. 다음 수정을 보자.

~~Although s~~**Such components are reliable** as they are developed through a rigorous development process. ~~products,~~ However, they often have high technological **complexity** ~~of technologies,~~ and **incomplete**~~ness of available~~ **documents**. Furthermore, ~~and lack of~~ **access to source code** ~~can~~ is quite limited. These **make it difficult for** ~~developers~~ the system integrator **to comprehend** ~~its~~ the overall **behavior**s of the system.

❋ 먼저 "Although such components are reliable products,"에서 문맥상 "components"와 "products"는 같은 것을 의미한다. 따라서 뒤에 나오는 "products"는 생략하고 "Such components are reliable."의 독립된 문장으로 간소하게 표현했다. 이렇게 문장을 짧게 끊어서 원문에서는 보이지 않던 문제점도 찾을 수 있다.

즉, "reliable"의 근거가 없다. 따라서 "as they are developed through a rigorous development process."를 추가하여 근거를 제시했다.

🍁 "complexity of technologies, incompleteness of available documents, and lack of access to source code"를 "However, they often have high technological complexity and incomplete documentation."과 "Furthermore, access to source code is quite limited."의 두 문장으로 분리해 간소화했다. 원문에 있던 "Although"를 "However"로 바꾸어 직설적으로 표현했고 주어를 "they"로 표현하여 이전 문장의 "components"와 연계하였다. "of"의 사용을 줄여 표현을 단순화했고 "Furthermore"로 두 문장을 연결하여 문제의 심각함을 강조했다. "source code"의 접근(access)이 제한적이기는 하나 가능한 상황을 고려해 "lack" 대신 "quite limited"로 바꾸어 어조를 완화했다. "lack"은 완전한 결핍을 의미하는 것으로 강한 부정을 의미하는 반면 "quite"는 조금이지만 여지를 남긴다. 잠깐 "document"와 "documentation"의 차이를 살펴보면 "document"는 개별 서류를 의미하는 가산 명사이고 "documentation"은 프로젝트 기록물을 의미하는 불가산 명사이다.

🍁 마지막으로 "can make it difficult for developers of the system to comprehend its behavior."을 "These make it difficult for the system integrator to comprehend its the overall behaviors of the system"의 독립된 문장으로 표현하여 논점을 마무리 짓는 역할을 한다. "These"를 사용하여 이전 두 문장에서 제기한 문제점들을 주어로 놓았고 "developers"의 일반적인 표현을 문맥에 맞도록 "the system integrator"로 바꾸었으며 "its behavior"를 "the overall behaviors of the system"으로 표현하여 "its"를

명확히 했다. "system"은 일반적으로 여러 개의 "behavior"를 가지고 있기 때문에 단수보다는 복수가 적절하다.

## 🌲 교정 후

Such components are reliable as they are developed through a rigorous development process. However, they often have high technological complexity and incomplete documentation. Furthermore, access to source code is quite limited. These make it difficult for the system integrator to comprehend the overall behaviors of the system.

## 4.6 실전 예제 6

다음은 소프트웨어 프로세스 개선에 관한 논문의 일부다.

### 🌳 초안

While the method for finding strengths and weaknesses is described concretely, making recommendations, which is critical in developing a strategic improvement plan, is only conceptually described.

예제 5와 마찬가지로 이 문장 역시 콤마가 너무 많아 문장의 자연스러운 흐름을 방해한다. 다음과 같이 수정해보자.

~~While the method for finding strengths and weaknesses is described concretely, making~~ **Recommendation**~~s~~ development ~~which~~ **is critical in** ~~developing~~ a planning **strategic improvement** ~~planning~~. **However, it is described only conceptually** in the method, although the method ~~is~~ describe~~d~~s concretely about the process of finding strengths and weaknesses.

- 원문을 보면 세 가지를 말하고 있다. 첫 번째로 "the method for finding strengths and weaknesses is described concretely"를 말하고 두 번째로 "making recommendations is only conceptually described."를 말하며 세 번째로 "which is critical in developing a strategic improvement plan"을 말한다. 이를 세 개의 문장으로 분리하여 다음과 같이 명확성을 높일 수 있다.
- 먼저 "the method for finding strengths and weaknesses is described concretely"를 "The method describes concretely

about the process of finding strengths and weaknesses."로 표현하여 "method"에 대한 설명이 명확해졌다. 또한 "finding strengths and weaknesses"를 "process"로 묶어 표현하여 문장이 간결해지고 기술성도 높아졌다.

- 다음으로 "making recommendations is only conceptually described."를 "Recommendation development is described only conceptually."로 바꾸어 좀 더 영어적 표현으로 바꾸었다.

- 마지막으로 "which is critical in developing a strategic improvement plan"을 독립된 문장인 "Recommendation development is critical in planning strategic improvement."로 표현하여 명확성을 높였다.

- 위 세 개의 수정 문장들을 연결하면 다음과 같다. "The method describes concretely about the process of finding strengths and weaknesses. Recommendation development is described only conceptually. Recommendation development is critical in planning strategic improvement." 이것을 문장과 문장이 잘 흐르도록 순서를 재배치하고 적절한 표현으로 연결해 보자. 먼저 문장을 재배치하는 데 있어 주장이나 관점을 설득하는데 효과적인 귀납적 방식을 사용하도록 하겠다. 첫 번째 문장과 두 번째 문장은 상반되는 내용을 설명한다. 따라서 "but"이나 "however"를 사용하여 문맥을 전환한다. 수정된 문장을 보면 다음과 같다. "Recommendation development is critical in planning strategic improvement. The method describes concretely about the process of finding strengths and weaknesses. However, recommendation development is described only conceptually." 그런데 두 번째 문장이 앞뒤 문장과 연결이 부드럽지 않다. 이유는 "method"와 "recommendation development" 간의 연결 부분이 없기

때문이다. "although"를 사용하여 다음과 같이 바꿔보자. "Recommendation development is critical in planning strategic improvement. However, it is described only conceptually in the method, although the method describes concretely about the process of finding strengths and weaknesses." 즉, 세 번째 문장을 앞으로 옮겨 첫 번째 문장과 연결하고 두 번째 문장을 뒤로 보내 "although"와 연결하였다. 세 번째 문장을 앞으로 옮기면서 "in the method"를 추가하여 뒤 문장에 나오는 "method"와 연결된다.

### 🌳 교정 후

---

Recommendation development is critical in strategic improvement planning. However, it is described only conceptually in the method, although the method describes concretely about the process of finding strengths and weaknesses.

---

## 4.7 실전 예제 7

다음은 생산품 데이터 관리(PDM) 연구에 관한 논문의 일부다.

🍁 **초안**

Product data management (PDM) systems offering a proprietary means of data authorization combine role-based and attribute-based access control that is tightly integrated into the commercial-off-the-shelf (COTS) product. The access control policies of such PDM systems provide governance to internal data objects spanning the product object model.

이 예제는 첫 문장의 주어가 너무 길어 내용이 명확하게 전달되지 않는다. 또한, 첫 번째 문장과 다음 문장 간의 연계성이 명확하지 않다. 다음과 같이 수정해 보자.

A product data management (PDM) system~~s~~ offer~~ings~~ a proprietary means of ~~data~~ authoriz~~ationing combine~~ access to data objects using ~~role-based and attribute-based~~ access control based on roles and attributes ~~that~~ which is ~~tightly integrated~~ often provided ~~into~~ by ~~the~~ a commercial-off-the-shelf (COTS) product. The access control ~~policies of such PDM systems~~ supported by the proprietary authorization together with the COTS ~~provide~~ enables governance ~~to~~ over internal data objects spanning the product object model of the PDM system.

🍁 먼저 첫 문장의 주어를 단수로 바꾸어 문장을 간결화했다. 이렇게 단수로 표현하면 이후 문장에서 참조(reference)가 쉬워진다. "means of" 이후엔

명사보다는 동사 형태가 더 자연스럽다. 따라서 "data authorization"을 "authorizing access to data objects"로 수정하였다. 또한 "role-based and attribute-based access control"을 "access control based on roles and attributes"로 수정하여 "based"의 중복을 피하였다. "which" 절 이하에서 "tightly integrated into"의 표현이 "COTS"의 특성상 적절하지 않다. 이것을 좀 더 적절한 "often provided by"로 바꾸었다. 이 문장에서 "means"는 복수형처럼 보이나 "수단, 방법"을 의미하는 단수임에 주의한다.

- 두 번째 문장을 보면 "such PDM systems"를 써서 첫 번째 문장과 연계해주지만 약하다. 이를 "supported by the proprietary authorization together with the COTS"로 표현해 앞 문장과의 연계성을 높였다. 또한, 장점의 강조를 위해 "provide"보다 강한 "enable"을 사용했다. 또한 "the product object model"과 첫 번째 문장의 주어인 "of the PDM system"을 연결하여 문맥을 명확히 했다.

### 교정 후

A product data management (PDM) systems offers a proprietary means of authorizing access to data objects using access control based on roles and attributes which is often provided by commercial-off-the-shelf (COTS) products. The access control supported by the proprietary authorization together with COTSs enables governance over internal data objects spanning the product object model of the PDM system.

## 4.8 실전 예제 8

다음 예제 역시 생산품 데이터 관리(PDM) 연구에 관한 논문의 일부다.

### 🍁 초안

There is a growing demand for PDM systems to interoperate with external access control policies. The global supply chain is frequently subject to external government regulatory constraints and PDM systems usually are extended programmatically to apply external policies.

이 예제는 논리적 흐름이 맞지 않아 이해하기가 어렵다. 특히 배경을 설명하고 문제점을 지적하는 데 있어 그 논리가 명확하지 않다. 다음 수정을 보자.

The global supply chain is frequently subject to external government regulatory constraints policies and there has been a growing demand for PDM systems to interoperate with external access control policies. and However, in the current practice, PDM systems external access control policies usually are extended enforced through a programmatically extension to apply the PDM system rather than an integrated approach.

🍁 먼저 배경을 살펴보면 첫 문장과 두 번째 문장의 첫 번째 절이 배경에 해당한다. 하지만 이 둘의 순서가 뒤바뀌었다. 즉, 두 번째 문장의 첫 번째 절은 일반적 배경을 설명하고 첫 문장은 현재 진행되는 상황을

설명한다. 순서를 재배치하여 문장을 구성해 보면 다음과 같다.

---

The global supply chain is frequently subject to external government regulatory constraints. There is a growing demand for PDM systems to interoperate with external access control policies.

---

그런 다음 두 문장을 다음과 같이 하나로 합쳐 보자.

---

The global supply chain is ~~frequently~~ subject to external government regulatory ~~constraints~~ policies and there has been a growing demand for PDM systems to interoperate with external access control policies.

---

먼저 원문에 있던 "frequently"를 삭제하고 "constraints"를 "policies"로 바꾸었다. 원문에서 "frequently"는 "subject to" 하지 않은 경우를 고려하여 넣은 표현이다. 하지만 문맥상 대부분의 경우가 "subject to" 하다는 것을 전제로 하기 때문에 그렇지 않은 경우가 있다 해도 큰 의미가 없다. "constraints"보다는 문맥상 "policies"가 더 일반적인 표현이다. 또한, 이후에 나오는 "access control policies"와도 일맥상통한다.

✤ 원문의 두 번째 문장을 보자. "PDM systems usually are extended programmatically to apply external policies." 이 문장은 앞 문장에서 설명하는 "growing demand" 대한 대응을 설명한다. 즉 "extend"를 해서 "growing demand"에 대응함을 설명한다. 하지만 이 문장의 원래

의도는 그러한 대응으로는 한계가 있다는 것이다. 하지만 이 의도가 정확히 표현되지 않는다. 다음과 같이 수정해 보자.

However, in the current practice, ~~PDM systems~~ external access control policies ~~usually~~ are ~~extended~~ enforced through a programmatic~~ally~~ extension to ~~apply~~ the PDM system rather than an integrated approach.

수정을 보면 "in the current practice"를 추가하여 현재의 대응을 설명하고 "rather than an integrated approach"를 추가하여 그러한 대응이 한계가 있음을 표현한다.

## 🌳 교정 후

The global supply chain is subject to external government regulatory policies and there has been a growing demand for PDM systems to interoperate with external access control policies. However, in the current practice, external access control policies are enforced through a programmatic extension to the PDM system rather than an integrated approach.

## 4.9 실전 예제 9

다음은 소프트웨어 프로세스 향상에 관한 연구에 관한 논문의 일부다.

❋ 초안

Seeking success factors has been received an extensive attention from researchers and practitioners. Humphrey *et al* [Humphrey *et al.* 1991] pointed out that developing appropriate improvement action plans in response to process assessment results is essential for success of SPI efforts. And the importance of SPI project management and a better understanding on what they have to do are commonly emphasized as influencing factors of the success or failure of SPI initiatives in several empirical studies [Niazi *et al.* 2010; Streit *et al.* 2011].

이 예제는 서론의 일부로 연구 동기를 설명한다. 전개는 무난하나 표현이 매끄럽지 못하다. 다음과 같이 수정해 보자.

~~Seeking s~~Success factors ha~~s~~ve been ~~received an extensive~~ gained significant attention from researchers and practitioners. Humphrey *et al* [Humphrey *et al.* 1991] pointed out that developing appropriate improvement action plans in response to process assessment results is essential for success of SPI efforts. ~~And the importance of~~ SPI project management and a better understanding on what ~~they have~~ to ~~do~~ be done are also commonly emphasized as ~~they~~ influenc~~ing~~e ~~factors of~~ the success ~~or failure~~ of SPI initiatives ~~in several empirical studies~~ [Niazi *et al.* 2010; Streit *et al.* 2011].

- 첫 번째 문장은 "success factors"의 중요성을 설명한다. 하지만 "Seeking"의 행위 자체가 중요하지는 않다. 따라서 주어에서 삭제했다. "received an extensive attention"을 번역하면 "많은 주목을 받는다"가 된다. 즉, 우리말을 직역한 것이다. 이러한 우리말 표현은 영어를 어색하게 만든다. 이것을 "gained significant attention"으로 바꾸어 영어적으로 표현했다.
- 세 번째 문장이 "And"로 시작한다. 일반적으로 논문에서는 "and"나 "but"으로 문장을 시작하지 않는다. formality가 떨어지기 때문이다. 또한, "And"가 문맥상 필요하지 않다. 이 문장의 주어와 동사를 보면 다음과 같다. "the importance of …. are commonly emphasized". 이것을 번역하면 "~의 중요성이 일반적으로 강조된다."가 되어 우리말을 영어로 직역한 것임을 알 수 있다. 영어에서 주어는 그 문장의 핵심이 되어야 한다. 이 문장에서 핵심은 "importance"가 아닌 "SPI project management and a better understanding what they have to do"이다. 여기서 "what they have to do"를 "what to be done"으로 간결하게 표현했다. "as influencing" 역시 "influencing"의 주체가 "importance"가 아닌 "SPI project management and a better understanding what to be done"이어야 함을 보여준다. "as influencing"을 "as they influence"로 표현하여 "influence"의 주체가 앞 절의 주어임을 명확히 했고 "the success or failure"를 "the success"로 간결하게 표현했다.

🌲 **교정 후**

Success factors have gained significant attention from researchers and practitioners. Humphrey *et al* [Humphrey *et al.* 1991] pointed out that developing appropriate improvement action plans in response to process assessment results is essential for success of SPI efforts. SPI project management and a better understanding on what to be done are also commonly emphasized as they influence the success of SPI initiatives [Niazi *et al.* 2010; Streit *et al.* 2011].

## 5  유용한 표현

기술 보고서(technical report)는 일반 문학 서적과 달리 많은 어휘력을 요구하지 않는다. 쓰이는 어휘들이 한정되어 있고 그러한 어휘들과 해당 분야 전문용어(jargon)들만 잘 숙지하면 수월하게 논문을 작성할 수 있다. 이 장에서는 이공계 논문작성 시 자주 쓰이는 표현에 대해서 살펴보겠다.

## 5.1  서술 방법

이 부문에서는 귀납적(inductive) 서술 방식과 연역적(deductive) 서술 방식에 대해서 살펴보도록 하겠다.

### 🌳 귀납적 서술

귀납적 설명은 인과 관계를 설명할 때 효과적이다. 예를 들어 연구 동기나 연구 문제를 설명할 때 유용하다. 하지만 자칫 내용이 길어져 산만해질 수 있다. 몇 가지 예제를 살펴보자.

**예제 1**

> [The problem domain of a design pattern describes the problem context in which the pattern can be applied.]<-배경 설명 [In general, determining the applicability of a pattern to a particular problem heavily relies on the knowledge and experience of the developer about the pattern.]<-일반적 현상 [This significantly limits the use of patterns.]<-문제 제기

이 예제는 "design pattern"에 관한 논문으로 디자인 패턴을 사용하는 데 있어 문제점을 귀납적 방식으로 설명한다. 먼저 배경설명을 하고 일반적으로 행하는 실행(practice)을 설명한 후 그것이 일으키는 문제점을 지적한다. 문단이 짧아 귀납적 서술로도 효과적으로 전개됨을 볼 수 있다.

몇 가지 유용한 표현을 살펴보면 "in which"는 "where"와 같은 의미로 앞의 "the problem context"를 설명하고 "rely on"은 "의지하다"란 의미로 항상 "on"과 함께 쓰인다.

## 예제 2

[Consistent data mapping is required in data exchange between IEC 61850 and IEC 61970 for interoperability of CIM applications. That is, the data mapping of one CIM application should be consistent with that of another application so that they can have seamless data exchange for interoperability.]<-배경
[The current practice, however, heavily relies on ad-hoc mappings differing application to application due to the lack of compatibility of IEC 61850 and IEC 61970.]<-일반적 현상
[This consequently causes significant interoperability issues in CIM applications, for example the same entity in IEC 61850 is mapped to different entities in IEC 61970 in different CIM applications and the inconsistent mappings are communicated among CIM applications. Figure 1 illustrates the problem.]<-문제 제기

이 예제는 스마트 그리드(smart grid)에 관한 논문으로 "CIM application" 간의 상호운용성의 문제점을 귀납적으로 설명한다. 예제 1 과 비슷하게 먼저 배경과 일반적 현상을 설명하고 이후에 문제를 제기한다.

몇 가지 유용한 표현을 살펴보면 배경 설명의 "that is"는 "즉" 또는 "다시 말해"의 의미로 앞 문장을 부가 설명할 때 쓴다. 이후에 나오는 "so that"은 "그래서" 라는 의미로 문장과 문장을 연결할 때 쓴다. 다음 문장의 "however"를 주어 뒤로 옮겨 주어가 강조되는 효과가 있다. "due to"는 원인을 설명할 자주 쓰인다.

※ **연역적 서술**

연역적 서술은 이론(theories)이나 원리(principles)와 같이 하나의 문장으로 정의할 수 있는 것을 설명 할 때 자주 쓰인다. 예를 들어 이론을 먼저 정의하고 이후에 이론에 대해 설명하는 형식이다. 다음 예제를 보자.

**예제 1**

Our approach to unifying IEC 61850 and IEC 61970 is guided by the following:
- [Systematic identification of common entities.]<-핵심 내용 [Though the standards address different aspects of smart grids, they do have entities in common which should be considered firsthand in unification. Common concepts lend themselves as unification points and form a basis for unification.]<-부가 설명
- [Model-driven unification.]<-핵심 내용 [Both IEC 61850 and IEC 61970 are defined in terms of Unified Modeling Language (UML) [14] and unification efforts should carry over the model-driven initiatives for compatibility.]<-부가 설명
- [Model transformation.]<-핵심 내용 [Use of a unified model involves transforming an instance of IEC 61850 and IEC 61970 to one in the UM or vice versa (i.e., profiling) for which unification techniques should support.]<-부가 설명
- [Tool development.]<-핵심 내용 [Various tools need to be developed to support deployment of the UM such as transforming models, generating mappings, and evaluating conformance. A unification technique should facilitate the development of its supporting tools [Kim et al. 2013].]<-부가 설명

이 예제는 IEC 61850과 IEC 61970을 통합하는 데 있어 네 가지의 원칙을 연역적으로 설명한다. 먼저 원칙마다 핵심 내용을 설명하고 이후에 부가 설명을 한다. 전형적인 연역적 설명이다. 이렇게 문장 핵심을 앞에 두어 말하고자 하는 것이 명확해진다.

몇 가지 표현을 살펴보자. "approach to"는 특정 목적에 대한 접근법을 설명할 때 쓴다. "approach for"와 거의 같은 표현이지만 의미에서 약간의 차이가 있다. "to"는 "~에 대해서"를 의미하는 반면 for 는 "~를 위해서"를 의미한다. "vice versa"는 "역으로"라는 뜻으로 반대의 경우를 설명할 때 쓴다.

### 예제 2

[A pair of features is said to be compatible if they are allowed to be used together by the feature model.]<-핵심 내용 [Though allowed by feature model, compatible features may have interferences when they are actually used together in practice. Such interferences are usually not explicit and should be analyzed and addressed during design process.]<-부가 설명

이 예제는 "feature" 간의 호환성(compatibility)을 연역적으로 설명한다. 첫 번째 문장에서 호환성의 정의를 내리고 이후의 문장에서 부가 설명한다.

## 5.2  문장 연결

문장과 문장의 연결이 자연스러우면 논문의 유기성이 향상된다. 논문에서 자주 쓰이는 몇 가지 연결 표현을 살펴보자.

### 🌳 예제 1

[An interference is found when the *General* hierarchy feature is used with the *SSD* feature, which leads to redefining the *assignUser*() operation in the *Role* class [8]. In the presence of role hierarchies, *SSD* constraints must be checked for security breaches that might be caused by permission inheritance. This is handled by the join point in the *UserRoleAssignment* sequence diagram in Figure 5.]<-첫 번째 interference [In addition to the interference between the *General* hierarchy feature and the *SSD* feature, the following interferences are identified for other features considered in this work [Kim *et al.* 2013].]<-첫 번째 interference

이 예제는 "feature" 간의 간섭(interference)을 설명한다. 먼저 "General hierarchy feature"와 "SSD feature" 간의 "interference"를 설명하고 "in addition to"를 이용하여 앞서 설명한 "interference" 외에도 다른 "feature" 간의 간섭도 있음을 설명한다. 이처럼 "in addition to"의 사용으로 인해 두 문장이 자연스럽게 연결된다. 만약 "In the presence of" 이하의 문장이 없다고 가정하면 "in addition"을 사용하여 다음과 같이 간결하게 표현할 수 있다.

Another interference is found when the *General* hierarchy feature is used with the *SSD* feature, which leads to redefining the *assignUser*() operation in the *Role* class [8]. In addition, the following interferences are identified for other features considered in this work.

바로 이전 문장에 대해 추가하는 것이기 때문에 "in addition to"에서 "to" 이하의 사항이 굳이 필요하지 않다.

예문을 보면 "General"과 "SSD"가 흘림체(italic)로 되어있다. 이는 "General"과 "SSD"가 "feature"의 이름을 나타내는 고유 명사이기 때문이다. 이처럼 고유명사를 흘림체로 표현하여 다른 단어들과 구별되고 따라서 가독성(readability)이 좋아진다.

### 🌲 예제 2

[At some point, a requirements change related to access control may occur.]<-하나의 경우    [In such a case, a different mapping may be given to reflect the change, resulting in another composition.]<-경우에 대한 설명

이 예제에서는 첫 문장의 내용을 하나의 경우(case)로 고려해 "in such a case"로 뒤 문장과 연결했다. 만약 첫 문장이 여러 케이스를 나타낸다면 "in such cases"로 연결한다.

표현에 대해 살펴보면 두 번째 문장의 "resulting" 이하는 앞의 "a different mapping"을 수식한다. 이처럼 주어의 동사 외에 다른 동사로 같은 주어를 보충 설명할 때는 문장

앞이나 뒤에 콤마를 찍고 동명사 형태로 수식할 수 있다. 만약 문장 앞에서 수식할 경우 "In such a case, resulting in another composition, a different mapping may be given to reflect the change."와 같이 표현할 수 있다. 이 경우 "resulting" 이하의 내용이 강조되는 효과도 있다.

## 예제 3

[It should be noted that an A2C conversion may affect the operations in the owning class of the attribute being converted if the attribute is referenced in the semantics of the operation.]<-특정한 경우 [In that case, any reference to the attribute must be changed to the converted class.]<-경우에 대한 설명

이 예제는 "attribute"를 "operation"으로 변환(convert)을 설명한다. 예제 2 와 달리 이 예제에서는 "in that case"를 사용하여 이전 문장을 특정한 경우로 설명한다.

표현에 있어서 "It should be noted that"을 사용하여 "that" 이하를 강조한다. 강조할 때 자주 사용하는 표현이다.

## 예제 4

An example of a structural role that can be realized by class attributes is given below (see Figure 3(b)):

CurrentValue 1..1

In the above example, *CurrentValue* is the name of the feature role and the following multiplicity 1..1 specifies that there must be exactly one realization of the role.

이 예제는 "design patterns"에 관한 논문으로 "role"의 속성을 설명하고 있다. 두 번째 문장을 "in the above example"로 연결하여 이전 문장에서 언급한 "example"을 참조한다. 유사한 표현으로 "in the aforementioned"가 있다.

### 🌳 예제 5

[This requires checking inherited roles against DSD constraints before they can be activated in the same session.]<-문제 [To address this, we use a join point to designate where in interaction DSD constraints should be checked for inherited roles.]<-해결 방안

이 예제는 "access control feature"에 관한 논문으로 "DSD constraints checking"의 필요성과 방법에 대해 설명한다. 첫 문장의 필요성과 이후 문장의 방법을 "to address this"로 연결하여 흐름을 원활하게 했다. 이처럼 "to address this"는 인과 관계의 문장들을 연결할 때 자주 쓰인다.

표현에 있어서 "require" 대신 "mandate"나 "postulate"을 사용하기도 한다.

### 🌳 예제 6

Although observed candidates are in a specific sequence, the sequence is not definitive as functions may interleave one another. Hence, message sequence is not considered critical in this phase.

"Hence"는 "따라서"의 의미로 논리적 전개에 따른 결론을 이끌어 낼 때 쓴다. "consequently", "therefore", "thus"와 같은 의미를 가진다.

## 5.3 문장 전환

문장 전환 표현은 반전을 통해 강조하고자 하는 것을 부각하는 데 효과적이다. 자주 쓰이는 문장 전환 표현을 살펴보자.

🌳 **예제 1**

Although the operations in the class diagram are self-descriptive, [their semantics should be defined clearly.]<-전환 문장

이 예제에서는 "although"를 사용하여 문장을 전환한다. 즉, "although"절의 내용은 "operation"이 "self-descriptive"임을 설명하고 뒤 절은 그렇다 해도 "operation"의 "semantics"가 명확히 정의되어야 함을 강조한다. 뒤 절을 "although"절 앞에 놓아 강조할 수도 있다. 예를 들어 "Their semantics should be defined clearly, although the operations in the class diagram are self-descriptive."로 표현하면 앞 절이 강조된다. 때로는 "although"의 비격식적 표현인 "though"를 쓰기도 한다.

🌳 **예제 2**

This establishes inheritance relationships between *Core* and component features. [However, unlike the traditional inheritance where all properties are inherited from a parent entity, a component feature inherits only those that are needed to carry out the functions of the feature.]<-전환 문장

이 예제는 "However"를 사용하여 문장을 전환한다. 문장 전환을 강조하기 위해 "However" 이후 "unlike"을 사용하여 이전 내용을 요약했다. 때로는 "however"를 주어 뒤에 놓아 주어를 강조하기도 한다. 예를 들어 "A component feature, however, inherits only those that are needed to carry out the functions of the feature."로 표현하여 "A component feature"가 강조된다. "but"은 "however"와 같은 의미지만 비격식적인 표현으로 문장과 문장의 전환에서는 쓰이지 않는다. 다만 한 문장 안에서 절과 절의 전환에는 가끔 쓰인다.

### 🌳 예제 3

The method, however, does not support systematic instantiation of roles. [Instead, we make use of a template-based method to facilitate the instantiation process.]<-전환 문장

이 예제는 "instead"를 이용하여 이전 문장을 전환한다. 내용을 살펴보면 체계적인 "instantiation"은 지원하지 못해도 "template-based method"를 사용하여 "instantiation process"를 원활하게 함을 설명한다. 문장이 아닌 구(clause)를 전환할 때는 "instead of"나 "in lieu of"를 사용한다. 예를 들어 "Instead of the method, we adopt the template-based method by Kim et al. [4]."와 같이 쓸 수 있다.

표현을 살펴보면 "make use of"는 "use"와 거의 같은 의미지만 "use"보다 좀 더 긍정의 의미를 가진다. 즉 일반적인 "use"와 달리 "something useful"한 것을 목적으로 한다.

### 🌳 예제 4

The results show that a similar time was taken for requirement analysis in ad-hoc approaches and the feature-based approach. This is expected as the feature-based approach mainly focuses on design aspects. [On the other hand, time is significantly reduced in design modeling using the feature-based approach.]<-전환 문장

이 예제는 "on the other hand"를 사용하여 문장을 전환한다. 내용을 보면 "feature-based approach"가 "ad-hoc approach"와 비교하여 요구사항 분석(requirements analysis)에서 시간상으로 크게 차이가 없는 반면 모형화(design modeling)에서는 많은 시간을 절약함을 설명한다. 문맥상 "on the other hand" 대신 "however"를 사용할 수도 있지만 "on the other hand"가 좀 더 유화적 표현이다.

🌳 예제 5

The SSD feature is configured to prevent the same person from being assigned to both the registered nurse role and head nurse role, [which would otherwise enable the person to approve inappropriate medical services to patients.]<-전환 문장

"otherwise"는 "그렇지 않으면"이란 의미로 반대의 경우를 설명할 때 쓴다. 이 예제에서는 "otherwise"가 첫 번째 절의 내용이 실행(practice)되지 않을 때 발생할 수 있는 상황을 서술한다. 여기서 주의할 것은 "otherwise"가 "would"와 함께 쓰여 가정문을 이끈다는 것이다. "otherwise"는 일반적으로 "would" 뒤에 나오지만, 이 예처럼 앞에 나올 수도 있다.

🌳 예제 6

> While the problem description of a pattern provides necessary information to understand the problem context of the pattern, [it is often not sufficient to derive the core properties of the problem domain.]<-전환 문장

이 예제는 "while"을 이용하여 문장을 전환한다. 내용을 살펴보면 "while"이 이끄는 절은 "problem description"의 장점을 설명하는 반면 이후 절에서는 그 장점이 충분하지 않음을 지적한다. "while" 절과 이후 절의 위치를 바꾸어 다음과 같이 표현할 수도 있다.

> It is often not sufficient to derive the core properties of the problem domain, while the problem description of a pattern provides necessary information to understand the problem context of the pattern.

이 경우 "while" 절이 약화되고 "not sufficient"가 강조된다.

표현에 대해 살펴보면 "while" 문장이 뒤에 올 경우 "while" 앞에 콤마(,)가 들어간다. 때로는 "while" 대신 영국식 표현인 "whilst"를 쓰기도 한다. 또한, 영국식 표현에서는 "while" 또는 "whilst"가 문장 뒤에 와도 콤마가 붙지 않는다. "while"은 "~하는 동안"이라는 시간적 의미로도 쓰인다. 예를 들어 다음 문장을 보자.

> Sequence diagrams are composed by combining lifelines and interleaving messages while observing dependencies in message sequence.

여기서 "while"은 "dependencies"를 관찰하는 기간을 의미한다. "compose"가 수동태로 쓰일 경우 보통 "be composed of"로 사용되어 "~로 구성되다"를 의미하지만 위 문장에서는 "of" 대신 "by"를 사용하여 "~에 의해 구성되다"의 의미가 된다.

🌳 **예제 7**

---

Types are likely to have different structures and data representations. [Nevertheless, they may have matching semantics.]<-전환 문장

---

"nevertheless"는 "그럼에도 불구하고"의 의미로 이 예제에서는 비록 "types"들이 서로 다른 구조와 데이터 표현을 갖지만, 의미가 서로 일치할 수도 있음을 설명한다. "be likely to"는 "~할 것 같다"는 강한 예상을 나타낼 때 쓴다. 다른 전환 표현과는 달리 "nevertheless"는 주로 긍정의 문장을 이끈다.

## 5.4 강조

내용을 강조하고자 할 때 수동태보다 능동태 표현이 효과적이다. 반면 수동태는 완곡한 표현이나 중립적 표현을 할 때 유용하다. 능동태 표현 외에 강조에 쓸 수 있는 표현들에 대해 살펴보자.

🌲 예제 1

A noteworthy aspect in this approach is that [the formality of produced models enables systematic transformation of UML models.]<-강조 문장

"A noteworthy aspect"가 "that" 이하를 강조한다.

🌲 예제 2

In particular, one needs to ensure that [the integration does not result in security breaches or unavailability of resources.]<-강조 문장

이 예제에서는 "in particular"를 이용하여 이후 문장을 강조한다. "in particular"가 다음과 같이 문장 중간에 올 수도 있다. "The evaluation shows the potential of the model, in particular the four-view analysis."

🌲 예제 3

It is worth stressing that [object diagrams in homogeneous composition are combined, not composed.]<-강조 문장

이 문장에서는 "It is worth stressing that"을 이용하여 "that" 이하의 내용을 강조한다. 또 다른 예를 보자.

It is worth stressing that this work covers only a subset of the problem domain and it is not our intent to address the entire problem domain.

이 문장은 연구의 범위(scope)를 강조한다.

### 🌳 예제 4

Note that in P6, [the security level of a permission is the same as that of the object concerned in the permission.]<-강조 문장

이 예제는 "note that"을 이용하여 "that" 이하를 강조한다. 수동태로 표현하여 "It should be noted that"으로 쓰기도 있다. "permission"은 일반적으로 불가산 명사로써 부정관사가 사용되지 않지만 여기서는 논문의 내용상 "permission"이 가산명사로 쓰여 부정관사가 사용됐다. "there is no such a thing as"도 자주 쓰는 표현으로 숙지해 놓는 것이 좋다.

## 5.5 to 의 사용

"to"는 다양한 형태로 쓰인다. 동사와 함께 쓰기도 하고 명사와 쓰기도 한다. 어떤 것과 쓰느냐에 따라 의미도 달라진다. 몇 가지 일반적인 사용에 대해 알아보자.

### 예제 1

> The selection is assumed to be in the order of *Core*, *General* hierarchy, and *DSD*, but it can be in any order by partial inheritance.

이 문장은 "to"가 "be" 동사와 함께 쓰여 "~되기 위한"을 뜻한다. 즉, 앞으로 일어날 것을 암시한다. "to be"에 대해 몇몇 영어 문법책들은 짧은 미래를 나타낸다고 설명하지만, 시간의 장단보다는 앞으로 일어날 것에 대한 설명으로 보는 것이 더 적절하다. 이 예제의 내용을 보면 "selection"이 "Core, General hierarchy, and DSD"의 순으로 됨을 설명한다. "to be" 이하를 "A parent feature has elements to be varied in child features."와 같이 수동태로 표현할 수도 있다.

### 예제 2

> The design principles also serve as verification points to ensure the correctness of RBAC feature specifications.

이 예제는 "to"가 일반동사와 함께 쓰여 "~하기 위한" 이라는 의미를 가진다. 가장 흔히 쓰이는 표현이다. 또 다른 예를 보자.

The loop fragment from the General hierarchy feature is added to check violation of DSD policies in the descendant roles.

만약 "is added to" 뒤에 동사가 아닌 명사가 온다면 이때 "to"는 "~에 추가된다"를 의미한다. 예를 들어 "The loop fragment from the General hierarchy feature is added to the CheckAccess sequence diagram."은 "loop fragment"가 "CheckAccess sequence diagram"에 추가됨을 설명한다.

## 🌳 예제 3

The motivation of this approach is to reduce development overheads and complexity of application-level RBAC systems (where access control is tightly coupled with application functions) by separating access control from application functions and configuring RBAC features on a need basis.

이 문장에서는 "to+동사"가 문장의 "be" 동사와 함께쓰여 "~하는 것"을 의미한다. 내용을 살펴보면 연구 동기가 "development overheads and complexity"를 줄이는 것임을 설명한다. 또 다른 예를 보자.

The substitution implies that SSD constraints are to be defined on roles.

이 문장은 "to"의 동사가 수동태로 쓰여 "~되는것"을 의미한다.

## 5.6  which 의 사용

"which"는 논문에서 자주 쓰는 표현이지만 우리나라 사람들이 자주 쓰지 않는 표현 중 하나이다. "which"에 대해 알아보자.

### 🌲 예제 1

The postcondition specifies that an invocation of the operation results in invoking the *authorizedRoles*() operation which returns a set of authorized roles for the user and the requested role is activated only if it is included in the authorized roles.

이 문장에서는 "which"가 앞에 나온 명사 "*authorizedRoles*() operation"을 설명한다. 가장 흔한 용법이다. 문장을 살펴보면 "which"의 동사 "return"은 "*authorizedRoles*() operation"을 주어로 한다. 이를 다음과 같이 두 문장으로 나눌 수 있다.

(a) The postcondition specifies that an invocation of the operation results in invoking the *authorizedRoles*() operation. (b) The *authorizedRoles*() operation returns a set of authorized roles for the user and the requested role is activated only if it is included in the authorized roles.

분리된 문장을 살펴보면 (a)의 끝과 (b)의 주어가 일치한다. 이처럼 한 문장의 끝과 다음 문장의 주어가 같은 경우 두 문장을 "which"로 연결하여 설명할 수 있다. 이렇게 "which"로 연결하면 독립된 문장보다 흐름이 부드러워진다. 또 다른 예를 보자.

By allowing only necessary properties, partial inheritance enables the minimal design of component features which reduces design complexity and facilitates feature composition.

이 예제 역시 두 개의 문장을 "which"로 연결한 것으로 "which" 절의 동사 "reduces"는 앞 문장의 "the minimal design"을 주어로 한다. "Component features"도 "which"의 주어가 될 수 있으나 문맥상 맞지 않다. 이 문장을 다음과 같이 두 개의 문장으로 나눌 수 있다.

(a) By allowing only necessary properties, partial inheritance enables the minimal design of component features. (b) Such a design reduces design complexity and facilitates feature composition.

(b)의 주어를 "The minimal design"으로 놓는 것보다 "such a design"을 사용하여 문맥이 더 잘 흐른다.

🌳 예제 2

"which"와 "that"을 자주 혼동한다. 다음 예제를 보자.

A feature model consists of mandatory features that capture commonality.

이 문장은 여러 개의 "mandatory feature"들 중 "commonality"를 가지는 것들로 한정함을 의미한다. 이를 "which"를 이용하여 다음과 같이 표현해 보자.

A feature model consists of mandatory features which capture commonality.

이 문장에서의 "which"는 한정 없이 "mandatory features"를 수식한다. 즉, "mandatory features"가 무엇인지 설명하는 것이다.

"which" 절을 동명사로 표현할 수도 있다. 예를 들어 위 문장을 다음과 같이 표현할 수 있다.

A feature model consists of mandatory features capturing commonality.

이 문장에서는 "which" 대신 "capturing"을 사용하여 "mandatory features"를 능동적으로 표현했다.

🌳 예제 3

Another constraint is that roles in an SSD relation cannot be junior roles of the same senior, which prevents a user assigned to a senior role from acquiring permissions of its junior roles that have conflicts of interest.

이 예제에서는 "which"가 앞에 나온 문장 전체를 수식한다. 즉, "which"의 앞 절 전체가 동사 "prevents"의 주어가 된다. 이처럼 앞의 절 전체를 수식할 경우 "which" 앞에 콤마(,)를 붙이고 동사는 단수로 표현한다.

표현에 대해 잠깐 살펴보면 "prevent"는 "~로 부터 막는다."는 의미로 "from+동사+ing"와 함께 쓰인다. "hinder"도 유사하게 사용된다.

### 예제 4

There might be a situation where generated model constructs are not needed and can be removed, in which case the removal may break pattern conformance.

이 예제는 "in which case"를 사용하여 "which" 앞의 내용을 하나의 경우(case)로 설명한다. 내용을 보면 "which" 절 앞의 내용이 "pattern conformance"를 깨뜨릴 수도 있음을 설명한다. "in which case" 대신 "which"를 사용하여 다음과 같이 표현할 수도 있다.

There might be a situation where generated model constructs are not needed and can be removed, which may break pattern conformance.

### 예제 5

Hierarchies also can serve as a tool for cleaner policy design, thereby eliminating some cases in which role precedence conflicts might otherwise have occurred.

이 예제는 "in which"가 여러 경우(cases)에 대해 설명한다. 내용을 살펴보면 "role precedence conflicts"가 발생할 수 있는 몇몇 경우에 대해 "which" 절에서 설명하고 있다.

"which" 절에 "otherwise"를 추가하여 "cleaner policy design"과 대조를 이루었다. "in which"를 "where"로 표현할 수도 있다. 예를 들어 위 문장을 다음과 같이 표현할 수 있다.

Hierarchies also can serve as a tool for cleaner policy design, thereby eliminating some cases where role precedence conflicts might otherwise have occurred.

또 다른 예를 보자.

This limits the applicability of the approach for the cases in which model-level properties must be constrained.

이 예제에서는 "model-level"의 속성이 강제되어야 하는 경우를 설명한다.

## 예제 6

"of which"를 사용하여 여러 가지 항목 중 특정한 것만 수식할 수 있다. 다음 예를 보자.

The metamodel at M2 defines *LogicalNodeContainer*, *LogicalNote*, *DataObject*, *CommonDataClass*, and *DataAttribute* metaclasses of which the *LogicalNodeContainer* metaclass captures substation entities in Part 6 of IEC 61850 describing substation configuration, while the other metaclasses capture semantic entities in Part 7.

이 문장에서 "of which"는 앞 절에 나열된 여러 개의 "metaclass"들 중 *LogicalNodeContainer* 에 대해서 추가로 설명해준다.

🌲 예제 7

We view these variations as features, each of which provides a set of functions for a different aspect of access control.

이 문장에서는 "each of which"를 사용하여 각 "feature"에 대해 설명한다. 이처럼 "which" 절 앞에 복수명사가 있고 그 복수명사의 각각에 대해 설명하고자 할 때 "each of"로 표현할 수 있다. 이때 "each" 앞에 콤마(,)가 붙는 것에 주의한다. "each"가 단수이기 때문에 "which" 절의 동사가 단수로 쓰였다. 또 다른 예를 보자.

In Figure 7(a), there are two classes *ClassA* and *ClassB*, each of which plays *RoleA* and *RoleB* respectively.

이 예제에서 "each"는 "*ClassA* and *ClassB*"의 각각을 나타낸다.

표현에 대해 살펴보면 "there" 절의 주어가 "two classes"로 복수기 때문에 동사를 "are"로 표현했다. 또한 "*RoleA*"와 "*RoleB*"의 각각을 표현하기 위해 "respectively"를 썼다. "respectively"가 긴 문장에 사용될 경우 명확성을 높이기 위해 "respectively" 앞에 콤마(,)를 넣기도 한다.

🌲 예제 8

> The cardinality attribute in the class specifies the number of roles to which a user can be assigned in a DSD relation.

"which"가 종종 전치사와 함께 쓰여 앞의 명사를 설명한다. 이 경우 전치사가 "which" 절 동사와 연계된다. 위의 예를 보면 "which" 절이 "roles"를 설명하고 "which" 앞의 "to"가 동사 "assigned"와 연계된다. 즉, "user"가 "assigned"될 수 있는 "roles"를 설명하는 것이다. 위 "which" 절을 다음과 같이 표현할 수 있다. "A user can be assigned to roles in a DSD relation." 여기서 "to"와 "roles"가 앞의 예문에서 "which" 앞으로 옮겨진 것이다. 몇 가지 예를 더 보자.

> Let type(*op*) be the type of elements on which the operation *op* is performed.

이 예제에서는 "which" 절이 앞의 "elements"를 설명하고 "which" 앞의 "on"이 이후 동사 "performed"와 연계된다. 즉, "elements"들은 "operation op"가 "performed"되는 대상임을 설명하고 있다. "which" 절을 "The operation op is performed on elements."와 같이 표현할 수 있고 여기서 "on"과 "elements"가 예문에서 "which" 절 앞으로 옮겨진 것을 알 수 있다. 한 가지 예를 더 보자.

> The description describes three conditions under which the Visitor pattern can be used.

이 예문 역시 "which" 절이 앞의 "three conditions"를 설명하고 "which" 앞의 "under"가 동사 "used"와 연계된다.

즉, "Visitor pattern"이 사용될 수 있는 "three conditions"를 설명하고 있다. "which" 절을 "The Visitor pattern can be used under three conditions"로 바꾸어보면 "under"와 "three conditions"가 예문의 "which" 절 앞으로 옮겨진 것을 알 수 있다.

### 🌳 예제 9

---

To determine the extent to which the technique can be supported by UML modeling tools, we developed a prototype tool for creating pattern specifications on top of the Rational Rose tool.

---

이 예제에서는 "the extent to which"를 사용하여 "UML modeling tools"가 예문에서 언급하는 "the technique"을 "support"할 수 있는 범위를 설명한다. 이처럼 "the extent to which"는 어떠한 기술이나 방법의 확장성을 설명할 때 자주 쓴다. 한 가지 예제를 더 보자.

---

We have defined formal semantics for sequence diagrams [19] and shall investigate the extent to which the semantics can be used in this work.

---

이 예제 역시 "the extent to which"를 사용하여 "the semantics"의 적용 범위에 대해 연구할 것임을 설명하고 있다.

## 5.7 관사의 사용

논문 쓸 때 가장 많이 실수하는 것 중 하나가 관사(article)의 사용이다. 관사에 대한 오류가 많을 경우 논문 심사 시 부정적인 인상을 줄 수 있다. 관사의 모든 사용법은 알 수 없더라도 논문에서 자주 쓰이는 것만 숙지해도 많은 도움이 된다.

일반적으로 부정관사는 여러 개 중 불특정 하나를 가리킬 때 사용하고 정관사는 특정한 것을 가리킬 때 사용한다. 우리나라 사람들이 특히 어려워하는 것이 정관사다. 따라서 이 장에서는 정관사에 집중하여 설명하겠다.

### ♣ 특정 대상

특정 대상을 일컬을 때 정관사를 쓴다. 다음 몇 가지 예를 보자.

> The *LogicalNodeContainer* metaclass captures substation entities in Part 6 of IEC 61850 describing substation configuration.

이 예문에서 "*LogicalNodeContainer* metaclass"는 특정한 "metaclass"를 나타낸다. 따라서 정관사가 쓰였다. 만약 "metaclass" 없이 "*LogicalNodeContainer*"로만 쓰였다면 고유명사이기 때문에 정관사가 쓰이지 않았다. 다음 예제를 보자.

> In this paper, we present a modeling approach that enables systematic and verifiable configuration of RBAC features. In the

approach, RBAC features and their relationships are captured by feature modeling [5].

---

이 예문의 두 번째 문장을 보면 "the approach"가 나온다. 이 "approach"는 이전 문장에서 언급한 "a modeling approach"를 일컫는다. 이처럼 앞에서 언급된 사항을 일컬을 땐 정관사를 사용한다. 다음 예를 보자.

---

This paper extends the preliminary work [3] with enriched RBAC feature specifications, strengthened design principles, tool support, and a case study.

---

이 문장에서 가리키는 "preliminary work"는 이후의 참고문헌 [3]을 일컫는다. 따라서 "the preliminary work"가 된다. 또 다른 예를 보자.

---

The scenario of communication failure is an aspect because it applies to all scenarios using the particular communication mechanism.

---

이 예문에서의 "scenario"는 "communication failure"에 한정된다. 따라서 "the scenario"가 된다.

### 🌳 공동 인지

저자와 독자도 함께 인지할 수 있는 대상에 대해 정관사를 쓴다. 다음 예를 보자.

It is therefore important to consider crosscutting requirements early in the software lifecycle.

"software lifecycle"은 소프트웨어 개발을 아는 사람이면 누구나 인지하는 것이다. 따라서 정관사가 쓰였다. 또 다른 예를 보자.

Research initiatives known as aspect-oriented modeling (AOM) [10] have been taken to develop techniques and mechanisms that provide support for multi-dimensional separation of concerns in the design phase.

이 문장에서 "design phase" 역시 소프트웨어 공학을 아는 사람은 누구나 인지하는 것이다. 따라서 정관사가 쓰였다. 다음 예제를 보자.

The current practice often customizes CDCs and logical nodes in IEC 61850 to reflect organization's specific needs.

해당 분야의 "current practice"는 저자와 독자 모두가 인지한다. 따라서 정관사가 쓰였다.

※ 한정

정관사의 가장 흔한 사용이 한정이다. 다음 예를 보자.

The components of the service robot are distributed among at least two machines.

이 예문에서 "components"는 "the service robot"에 한정된다. 따라서 정관사가 쓰였다. 만약 부정관사를 사용하여 "A component of the service robot"으로 표현하면 불특정 "component"가 된다. 다음 예를 보자.

On the other hand, all the messages in a function are decomposed.

이 문장에서 "messages"는 "a function"에 한정된다. 따라서 정관사가 쓰였다. "On the other hand"는 "반면에"라는 의미로 문장 전환에 쓰이는 관용적 표현이다. 또 다른 예를 보자.

The filled rectangle in the loop fragment of the *RoleActivation* sequence diagram in Figure 5.

이 예제에서 사용된 정관사는 모두 한정이다. "filled rectangle"은 "the loop fragment"에 한정되고 "loop fragment"는 "the *RoleActivation* sequence diagram"에 한정되고 "*RoleActivation* sequence diagram"은 "Figure 5"에 한정된다.

### 🌳 유일한 대상

유일한 대상을 나타낼 때 정관사를 사용한다.

The service robot domain has gained increasing attention for its significant impact on human society.

이 예문의 "service robot domain"은 유일한 대상으로 정관사가 붙는다. "service robot domain"뿐 아니라 모든 "domain"은 유일하다. 따라서 항상 정관사가 붙는다. 다른 예로 "the smart grid domain"과 "the telecommunication domain" 등이 있다.

We use the *Visitor* design pattern and a price calculation application to demonstrate the technique.

이 문장에서의 "Visitor design pattern" 역시 유일한 대상으로 정관사가 붙었다. 반면 "price calculation application"은 불특정 대상으로 부정관사가 쓰였다. "the technique"의 표현에서 이전 문장에서 특정 "technique"에 대한 설명이 있었음을 짐작할 수 있다.

In comparison to the existing work, our work focuses on solution space where access control features are defined in terms of access control elements (i.e., domain artifacts) and can benefit from the existing work for establishing traceability to access control requirements via mapping.

이 예제에서는 "access control"이라는 분야의 기존 연구를 가리켜 정관사를 사용했다. 이처럼 특정분야의 기존 연구를 총칭할 때 정관사를 사용한다. 이는 특정 분야의 기존 연구의 유일함을 나타낸다.

## 5.8 관사의 생략

### 🌳 복수 명사

한정되시 않은 복수 명사에는 관사가 붙지 않는다. 다음 예를 보자.

For instance, hospital systems may not require static separation of duties in RBAC as the roles in the domain, in general, do not have persistent conflicts of interest.

이 예문에서 "hospital systems"가 복수이기 때문에 관사가 붙지 않았다. 반면 "the roles in the domain"에서 "roles"는 "the domain"에 한정되어 정관사가 쓰였다. "the domain"으로 보아 이전 문장에서 "domain"에 대한 언급이 있었음을 짐작할 수 있다.

High-level languages are easy to use and understand, but not amenable for analysis.

이 예문에서는 "High-level languages"가 한정되지 않은 복수 명사이기 때문에 관사가 붙지 않았다.

Availability is the degree to which an application is available with the expected functionality. Figure 2 shows tactics for availability.

이 문장에서 "tactics"에 정관사가 쓰이지 않은 것은 복수 때문이라기보다 논문에서 제시하는 "tactics for availability"가 절대적(definitive)이지 않음을 나타내려는 저자의 의도로 볼 수 있다. 만약 "tactics"에 정관사가 쓰였다면 이는 해당 연구에서 제안하는 "tactics"를 마치 절대적인 것으로 생각한다는 인상을 줄 수 있고 그에 따른 반감이 생길 수 있다.

### ♣ 분야 (discipline)

특정 분야에는 관사가 붙지 않는다. 다음 예를 보자.

UML is a de-facto standard modeling language in software engineering.

이 문장에서 "software engineering"은 분야를 나타내기 때문에 관사가 붙지 않았다. 또 다른 예를 보자.

IEC 61850 is the standard for substation automation in smart grid.

이 예제에서도 "smart grid"가 분야를 나타내기 때문에 관사가 쓰이지 않는다. "substation automation" 관련한 "standard"의 유일함으로 인해 "standard"에 정관사가 쓰였고 "IEC 61850"은 고유 명사이기 때문에 관사가 사용되지 않았다. 하지만 "the IEC 61850 standard"와 같이 표현하면 특정 "standard"를 나타내기 때문에 정관사가 쓰였다.

### ♣ 작업/행위

작업이나 행위를 나타내는 명사에는 관사가 사용되지 않는다.

Access control governs access to shared resources to ensure confidentiality, integrity, and availability.

"access control"은 작업을 나타내고 "access"는 행위를 나타내기 때문에 관사가 쓰이지 않았다. 만약 이러한 행위가 한정된다면 정관사가 사용된다. 예를 들어 "The access control of the system"이라고 했을 때 "access control"이 "the system"에 한정되어 정관사가 쓰인다.

### 🌳 그 밖의 경우

Reasoning about conformance relationship between sequence diagrams has not been addressed adequately in literature.

해당 분야의 출판된 논문을 총칭할 때 관사 없이 "literature"를 사용한다. 만약 "literature"가 특정 주제에 대한 출판물의 "collection"을 의미하거나 하나의 출판물을 의미할 경우 정관사를 사용하여 "in the literature"로 표현한다.

## 5.9  그 밖의 표현

이 부문에서는 논문에서 자주 쓰이는 표현들에 대해 살펴보도록 하겠다.

🌳 **"according to"**

"~따라서" 또는 "~에 따르면"의 의미로 어떠한 주장이나 사실에 대한 근거를 제시할 때 쓴다. 논문에서 자주 쓰는 표현 중 하나이다.

> The syntactic definition of join points is defined as follows based on the UML metamodel. According to the syntax, a join point can be defined between messages, fragments, or combinations of both. [Kim *et al.* 2011a]

위 예제의 내용을 살펴보면 문법(syntax)이 정의하는 "join point"의 위치에 대해 설명한다. "according to" 대신 "based on"을 사용할 수도 있다.

위 예제처럼 여러 항목을 나열할 경우 마지막 항목 앞에 "or" 또는 "and"가 사용된다. 이때 "or"나 "and" 앞에 콤마(,)가 쓰인다. 하지만 영국식 표현에서는 붙지 않는다. 또 다른 예를 보자.

> Most organizations use Role Based Access Control (RBAC) to protect the information resources of an application from unauthorized access. According to the proposed NIST standard, RBAC is divided into Core RBAC, Hierarchical RBAC, Static Separation of Duty Relations, and Dynamic Separation of Duty Relations. [Kim *et al.* 2011a]

이 예문은 "the proposed NIST standard"에 따라 "RBAC"이 4가지로 나누어짐을 설명한다.

🌳 **"account for"**

"설명하다"와 "구성하다"의 두 가지 의미를 가진다. 다음 예제를 보자.

---
Less number of relationships between classes accounts for higher cohesion of the classes.

---

이 문장에서 "accounts for"는 "설명하다"의 의미로 "less number of relationships"가 "higher cohesion"을 나타냄을 설명한다. 위의 문장을 "the less ⋯ the more"를 써서 다음과 같이 표현할 수 있다. "The less number of relationships classes have, the higher cohesion they have." 이를 좀 더 간략하게 표현하면 "The less the number of class relationships, the higher the class cohesion" 와 같이 표현할 수 있다. 또 다른 예를 보자.

---
The number of the classes that have an operation accounts for 65% of the total number of classes.

---

이 문장에서 "accounts for"는 "구성하다"의 의미로 "operation"을 가지고 있는 "class"의 수가 총 "class" 수의 65%를 구성함을 설명한다.

🌳 **"ad-hoc"**

"method"나 "technique"가 특정 대상만을 위한 것일 때 "ad-hoc method" 또는 "ad-hoc technique"이라고 한다. 즉, 일반성이 부족함을 나타낸다. 다음 예를 보자.

There are three commonly used access control models, namely Discretionary Access Control (DAC), Mandatory Access Control (MAC), and Role-Based Access Control (RBAC). However, these models have been used in an ad-hoc manner that results in high development complex and a high likelihood of errors. [Kim et al. 2011a]

이 예제는 "ad-hoc manner"가 "high complex"와 "high likelihood of errors"와 같은 문제점이 있음을 설명한다. "namely"는 "즉" 또는 "다시 말해서"를 뜻한다.

However, without a disciplined approach to using domain patterns, the systems would suffer from quality problems such as inability to scale, evolve and maintain. To overcome such challenges, one needs to adopt a systematic reuse approach [5] over an ad-hoc approach.

이 예제는 여러 "challenge"를 극복하기 위해 "ad-hoc approach"가 아닌 "systematic reuse approach"가 적용되어야 함을 설명한다.

### 🌺 "adopt"와 "adapt"

"adopt"와 "adapt"는 다른 연구에서 개발된 "method"나 "technique"를 사용할 때 많이 쓰는 단어이다. 하지만 의미에서 다소 차이가 있어 그 차이를 정확히 알고 써야 한다. 먼저 "adopt"는 다른 연구의 결과물을 있는 그대로 가져다 쓸 경우 사용한다. 예를 들어 다음 문장을 보자.

We adopt the template-based method by Kim et al. [4] to accommodate pattern specifics.

이 문장은 "the template-based method by Kim et al."를 있는 그대로 사용했음을 말한다.

반면 "adapt"는 다른 연구의 결과물을 해당 연구에 맞게 수정하여 사용하는 것을 말한다. 위의 문장을 "adapt"로 표현하면 다음과 같이 쓸 수 있다.

We adapt the template-based method by Kim et al. [4] to the Object-Oriented modeling framework to accommodate pattern specifics.

이 문장에서는 "template-based method"를 "Object-Oriented modeling framework"에 맞게 수정하여 사용했음을 말한다. 여기서 수정 대상을 명시하는 것에 주의한다.

### ♣ "akin to"

"similar to"와 같은 의미로 주로 문어체에서 쓰인다. 다음 예를 보자.

While DCOM has a unique architecture, its behavior is akin to CORBA.

이 문장은 "DCOM"의 행위가 "CORBA"와 유사함을 설명한다.

- **"by default"**

"기본적으로"라는 의미로 처음부터 이미 주어진 것을 나타낸다.

In the method, features are composed in a stepwise manner based upon partial inheritance where the *Core* feature forms the first configuration by default and the next selected feature adds new properties to the *Core* feature or redefines the existing properties of the *Core* feature, which forms a new configuration. [Kim et al. 2011a]

이 예문은 "Core feature"가 기본적으로 첫 번째 "configuration"이 됨을 설명한다.

- **"by the nature"**

어떤 대상의 특성을 일컬을 때 쓴다. "by its nature"로 쓰기도 한다.

The service robot domain has been gaining increasing attention (e.g., see [2], [5]) for its significant impact on human life in diverse areas ranging from simple cleaning robots to complex humanoids. By its nature, the service robot domain is component-based and distributed and comprising components are usually developed by third parties as black-box. [Cho *et al.* 2012]

이 예문에서 "By its nature"의 "its"는 해당 문장의 주어인 "the service robot domain"을 지칭한다. 즉, "service robot domain"의 특성을 설명한다.

표현을 살펴보면 "ranging from … to …"은 "~부터 ~까지"의 범위를 표현할 때 쓴다. 위 문장에서는 "service robots"가 "simple cleaning robots"부터 "complex humanoids"까지 다양한 분야에 걸쳐 인간 생활에 영향을 미침을 설명한다. 또 다른 예를 보자.

If all association role blocks are satisfied, realization multiplicities of roles are checked. Realization multiplicities should be checked after evaluating individual role blocks as multiples elements in different model blocks may play the same role by the nature of roles [7]. [Kim and Shen 2008]

이 예제는 "roles"의 특성을 설명한다.

🌳 **"categorized into"**

과학 논문은 분류를 많이 한다. 그럴 때 자주 쓰는 표현이다. 비슷한 표현으로는 "classified into" 또는 "divided into"가 있다.

Several researchers have looked into integrating RBAC and MAC (e.g., see [2],[4],[5]). The existing work can be categorized into 1) enforcing MAC on RBAC, 2) enforcing RBAC on MAC where MAC remains at the kernel level, and 3) implementing RBAC and MAC collaterally. [Kim et al. 2011b]

이 예문은 관련 연구를 세 가지로 분류하여 설명한다.

### ♣ "concerned with"

"~에 대해 논하다" 또는 "~을 다루다"의 뜻으로 "address"와 유사하다. 논문에서 자주 쓰는 표현 중 하나이다. 특히 초록이나 서론과 같이 연구를 소개하는 부문에서 많이 사용한다.

---

The feature model characterizes the Bell-LaPadula model [5] and the Biba model [8] which are specified by the *Secrecy* feature and the *Integrity* feature, respectively. The *Secrecy* feature is concerned with confidentiality of information in both direct and indirect flows to prevent information leakages to unauthorized subjects based on access levels. [Kim *et al.* 2011a]

---

이 예제는 "Secrecy feature"가 "confidentiality"를 다루고 있음을 설명한다. 또 다른 예제를 보자.

---

In the figure, the *Fault Detection* tactic is concerned with detecting a fault and notifying the detected fault to a monitoring component or the system administrator. [Kim *et al.* 2009a]

---

이 예제는 "Fault Detection tactic"이 오류를 찾아 통보하는 것을 설명한다. "notify"는 "to"와 함께 쓰여 "~에게 알리다"를 의미한다.

### ♣ "conflict of interest"

상호 반하는 이해관계를 의미한다. "conflicts of interest"와 같이 복수로 표현하기도 한다. 다음 예를 보자.

Figure 3 shows an example using the profile. Figure 3(a) describes a partial design of the SSD feature specifying that entities having a conflict of interest are in an SSD relation. [Kim et al. 2011a]

위 예제는 이해관계가 반하는 "entity" 간의 "SSD relation"이 있음을 설명한다. 또 다른 예를 보자.

The *General* hierarchy feature has a behavioral interference with the *DSD* feature when DSD relations involve inherited roles [8]. This may cause a security breach if the inherited roles in a DSD are activated in the same session since they have a conflict of interest. [Kim *et al.* 2011a]

이 예제는 "inherited roles"가 서로 반하는 이해관계가 있어 같은 세션에서 활성화될 경우 보안에 허점이 생길 수 있음을 설명한다.

🌳 **"due to"**

"~로 인해"의 의미로 원인을 설명할 때 쓴다. 논문에서 자주 쓰는 표현이다.

It should be noted that not all tactics can be specified in the RBML. For instance, the resource demand tactics [7], which are concerned with managing resource demand, are difficult to formalize in RBML due to the abstract nature of their solutions. [Kim *et al.* 2009a]

이 예제에서는 "due to"가 앞의 "difficult"에 대한 이유를 설명한다. "due to" 대신 "because of"를 사용할 수 있으나 "due to"가 좀 더 격식적인 표현이다. 첫 문장에서 "It should be noted that"을 써 "that" 이하를 강조하고 있다.

또 다른 예를 보자.

> Role-based access control (RBAC) is a popular access control model for enterprise systems due to its economic benefit and scalability. [Kim *et al.* 2011a]

이 예제는 "due to"가 "popular"에 대한 이유를 설명한다.

### 🌳 "de-facto"

공식적은 아니지만, 공식적인 것과 같은 역할을 함을 의미한다.

> Rose is considered to be a de-facto standard tool for UML modeling.

이 예제는 "Rose"가 공식적인 표준 도구는 아니지만 실제로 표준 도구로 고려됨을 설명한다. 이러한 도구들이 여러 개 존재할 수 있기 때문에 "de-facto" 앞에 부정관사가 쓰였다. 만약 공식적인 표준이라고 하면 정관사를 쓴다.

### 🌳 "envision"

"~을 생각하다" 또는 "~을 예상하다"의 의미로 미래 연구(Future Work) 부문에서 앞으로 진행될 연구에 대해 설명할 때 자주 쓰인다.

We shall develop a prototype pattern-aware tool that allows 1) pattern authors to build pattern specifications at the metamodel level and 2) application developers to model specific applications based on pattern specifications. We envision two scenarios ordered by preference for the tool development as follows. [Kim 2004]

이 예제는 미래 연구에 대해 설명으로 도구 개발에 있어 두 가지 시나리오를 설명한다. "다음과 같이"라고 표현할 때는 "as follows" 또는 "in the following"을 쓴다.

We plan to develop tool support for architecture modeling and envision use of a tactic-based approach to facilitate the development.

이 예제 역시 도구 개발에 대해 설명하고 있으며 "a tactic-based approach"를 사용한 도구 개발을 설명한다. 미래 연구를 설명할 때 "shall"이나 "will" 대신 이처럼 "plan"을 쓰기도 한다.

🌳 **"either A or B"**

"A 또는 B"를 표현할 때 쓴다. 여기서 A 와 B 가 서로 배타적(exclusive)인 것에 주의한다. 즉, 둘 중 하나만을 의미한다. 반면 "A or B"는 포함적(inclusive)으로 A 와 B 둘 다 선택할 수 있다. 다음 예제를 보자.

The *Hierarchy* feature enables roles to be structured in a hierarchy in which permissions are inherited bottom-up and users are inherited top-down. A hierarchy can be either *General* or *Limited*. [Kim *et al.* 2011a]

이 예제는 "Hierarchy"가 "General" 또는 "Limited"가 될 수 있음을 설명한다. 여기서 "General"과 "Limited"가 고유명사이기 때문에 흘림체(italic)로 표현했다.

또 다른 예제를 보자.

An ordered evaluation of an ACL can be used to resolve such authorization conflicts. The evaluation stops when either all the requested access rights have been granted by one or more permission entries or any one of the requested access rights has been denied by one of the permission entries. [Kim *et al.* 2006]

이 예제에서는 "either"와 "or"의 문장을 각각 절로 표현했다.

🌳 "*et al.*"

두 명 이상 저자의 논문을 참조할 때 제 일 저자의 성(last name)만 넣고 나머지 저자들은 "et al."로 표현한다. 다음 예제를 보자.

Mercurio *et al.* [12] propose an integration of IEC 61850 and CIM and implement it as a web-based system for monitoring and controlling the substation domain.

이 문장은 참고 문헌 [12]의 제 일 저자만 성(last name)으로 나타내고 나머지 저자들은 "*et al.*"로 표현한다. 이를 소유격으로 표현하여 "Mercurio *et al.*'s work"같이 쓸 수도 있다. 만약 저자가 두 명일 경우 두 명 모두의 이름을 써준다.

예를 들어 "work by Kim and Lee" 또는 "Kim and Lee's work"와 같이 써준다.

🌳 **"for the sake of"**

"~를 위해서"의 의미로 "for"와 유사하나 강조의 의미가 있다.

There might be situations where generated model constructs are not needed. However, it is not recommended to remove them for the sake of pattern conformance. [Kim 2004]

이 예제는 "pattern conformance"가 유지되어야 함을 설명한다. 또 다른 예를 보자.

Figure 3 shows the application of the unification process to the power transformer example in Figure 2. For the sake of simplicity, we assume that a power transformer is identified in Step 1 and 2. [Kim *et al.* 2013b].

이 예문에서는 "simplicity"의 중요성을 설명한다.

🌳 **"give rise to"**

"발생시키다" 또는 "일으키다"의 의미로 어떠한 현상이나 문제가 발생시키는 것에 관해 기술한다.

We also hope that this work gives rise to refocusing the value of the problem domain in software development. [Kim and Khawand 2007]

이 예제에서는 저자들의 연구로 인해 "problem domain"이 재조명되기를 희망하고 있다.

표현에 있어서 "stepwise"나 "facilitate"는 연구 방법이나 기술을 설명할 때 자주 쓰는 단어다.

"give rise to"의 또 다른 예를 보자.

Each pair consisting of an obligation O_1 in D_1 and an obligation O_2 in D_2 gives rise to a proof obligation O in strict(D_1,D_2) as follows. [Lu and Kim 2011]

이 예문은 "O_1"과 "O_2"이 증명되어야 함을 설명한다.

🌳 "in consideration of"

""~을 고려해서"라는 의미로 이전 내용을 보충 설명할 때 쓴다.

The *UserRoleAssignment* sequence diagram in Figure 9 describes assigning a user to a role in consideration of SSD constraints. [Kim *et al.* 2011a]

이 예문에서는 "user"를 "role"에 부여하는 데 있어 "SSD constraints"가 고려됨을 설명한다.

표현을 살펴보면 "assign"이 "to"와 함께 쓰여 "~에 부여하다"로 쓰였다. 하지만 "to" 없이 사용될 경우 의미가 사뭇 다르다. 다음의 예를 보자.

(a) A user is assigned a responsibility.

(b) A user is assigned to a responsibility.

먼저 (a)에는 "a responsibility"가 "a user"에 "assigned" 됨을 설명하는 반면 (b)는 "a user"가 "a responsibility"에 "assigned" 됨을 설명한다. 유사하나 의미가 다르다.

다음 예를 보자.

Monitoring priority is given either *intensive* or *loose* depending on the threshold which is set in consideration of the nature of the service robot being monitored.

이 예문은 "service robot"의 특성을 고려해야 함을 설명한다. "depending on"에서 "on" 대신 문어체 표현인 "upon"을 쓰기도 한다.

### "in general"

"일반적으로"라는 의미로 논문에서 자주 쓰인다. "mostly"보다 적절한 표현이라 하겠다.

The *Resisting Attacks* tactic provides several ways of protecting the system from attacks. One way is to check authentication of the user using his/her credentials (e.g., user IDs, passwords), which is, in general, considered to be an incipient protection. [Kim *et al*. 2009a]

이 예문은 "which" 앞의 절이 일반적 사항임을 나타낸다. "in general"이 이 예제처럼 문장 중간에 올 경우 앞뒤에 콤마를 사용한다.

The RBAC pattern greatly reduces the complexity of access control for a large number of users and objects by using roles instead of users as the number of users is, in general, significantly higher than the number of roles. [Kim *et al*. 2006]

이 예문에서는 "as" 절이 일반적인 사실을 설명한다.

🌳 **"in line with"**

"~와 같은 맥락으로"를 의미한다. 다음 예제를 보자.

The notion of design pattern as a characterization of problem and solution models is not necessarily in line with other definitions of design pattern in the pattern community. [France et al. 2003]

이 예제는 논문에서 정의하는 "design pattern"의 개념이 다른 정의들과 다를 수 있음을 설명한다.

표현에 있어서 첫 번째 문장의 "refer to … as"와 두 번째 문장의 "is said"도 자주 쓰는 표현이다.

또 다른 예제를 보자.

The general approach is that a source model is transformed into a target model based on a transformation definition which consists of left-hand side (LHS) for accessing the source model and right-hand side (RHS) for expanding the source model into a target model [5]. The approach in this paper is in line with the general approach where transformation is driven by design patterns. [Kim 2013]

이 예문에서는 논문이 제시하는 해법이 일반적 해법(general approach)과 같은 맥락임을 설명한다. "where"절이 구체적으로 어떻게 같은지를 설명한다.

### 🌳 "in light of"

"~관점에서"의 의미로 "in view of"와 유사하다. 영국식 영어에서는 정관사를 사용하여 "in the light of"로 쓰기도 한다. 다음 예를 보자.

> Commonly used pattern descriptions (e.g., [3][5][7]) use a typical pattern realization to describe the structure and collaborations of the pattern solution. However, we believe that the role concept in this work is beneficial in light of capturing variations. [Kim *et al.* 2006]

이 예문은 연구에서 제안하는 "role"이 "variations"를 표현한다는 점에서 장점이 있음을 설명한다. 또 다른 예를 보자.

> We define feature composition in light of multiple-inheritance.

이 문장은 다중상속(multiple-inheritance)의 관점에서 설명하고 있다.

### 🌳 "in such a way"

"in a way"와 같은 의미로 앞의 내용을 한정할 때 쓴다.

Conflicts might arise when RBAC and MAC features are composed. Conflicts are detected by identifying RBAC operations that alter the given security levels of a role in such a way of increasing the maximum security level for read access. [Kim *et al.* 2014]

이 예제에서 "in such a way"는 앞의 "alter the given security levels of a role"을 한정한다. "in such a way to increase"로 표현할 수도 있다. 또 다른 예를 보자.

OCL expressions are composed by interleaving labels and propositions in such a way that composition constraints are enforced. [Kim *et al.* 2011a]

이 예문에서는 "in such a way"가 "interleaving labels and propositions"를 한정한다.

🌳 **"in terms of"**

어떠한 내용을 여러 항목으로 설명할 때 쓴다.

Figure 9 illustrates the approach. The following defines feature composition in terms of class diagrams and sequence diagrams. [Kim *et al.* 2011a]

이 예제는 "feature composition"이 "class diagrams"와 "sequence diagrams"로 정의됨을 설명한다. 또 다른 예를 보자.

Features are organized in terms of *alternative* and *or* groups in a tree-like hierarchy enforcing configuration rules. [Kim *et al.* 2011a]

이 예문에서는 "features"가 "alternative groups"와 "or groups"로 구성됐음을 설명한다. "tree-like"처럼 "like"가 명사와 함께 쓰일 경우 붙임표(hyphen)를 추가한다.

### 🌳 "limited to"

"~에 제한된" 또는 "~에 한정된"의 의미로 연구의 범위를 제한하거나 연구의 한계를 설명할 때 쓴다. 다음 예를 보자.

Figure 7 shows the resulting tactic of composing the Maintain Data Confidentiality and ID/Password tactics. In NFR4, the security concern is limited to secure login only which has little impact on performance. [Kim et al. 2009a]

이 예제에서는 "NFR4"의 "security"가 "secure login"에 한정되었음을 설명한다. 또 다른 예를 보자.

The *Hierarchy* feature enables roles to be structured in a hierarchy in which permissions are inherited bottom-up and users are inherited top-down. A general hierarchy allows a role to have more than one descendant, while a limited hierarchy is limited to only one descendant. [Kim *et al.* 2011a]

이 예문은 "limited hierarchy"가 단 하나만의 자식 "role"에 한정됨을 설명한다.

### ♣ "lead to"

"~로 이끈다" 또는 "~을 도출하다"의 의미로 원인에 대한 결과를 설명할 때 쓴다. 실험 결과나 분석에 자주 쓰인다.

> The class diagrams in the problem models show that a composite component itself may be an element of another composite component. This leads to a property that a problem model should have a class that manages the object structure for delegating a request. [Kim and Khawand 2007]

여기서 "leads to"의 주어 "This"는 이전 문장 전체를 가리킨다.

### ♣ "offset by"

"~의해서 상쇄되다"의 의미로 "offset"의 대상과 "by"의 내용이 상반된다. 다음 예제를 보자.

> The case study reveals that there is an overhead in detecting faults, but the overhead is offset by the improved quality. [Cho et al. 2012]

이 예제에서는 "overhead"가 "improved quality"에 의해 상쇄됨을 설명한다. 문맥상 "overhead"와 "improved quality"는 상반됨을 알 수 있다. "reveal"은 새로 알게 된 사실을 설명할 때 자주 쓰인다. 또 다른 예제를 보자.

> Though there is a risk of encapsulation being broken, the risk is offset by flexibility by *Black Box* implementations. [Park *et al.* 2012]

이 예제는 "risk"가 "flexibility"에 의해 상쇄됨을 설명한다.

### 🌳 "of interest to"

"of" 앞의 내용이 "to"에게 관심사항임을 나타낸다.

> The existing work focuses on Part 7 only. However, topological information in Part 6 is of interest to operation systems and thus, Part 6 should be considered together with Part 7 in unification. [Kim *et al.* 2013a]

이 예제는 "topological information"이 "operation systems"의 관심 사항임을 설명한다.

"and thus"와 콤마(,)에 대해서 잠시 살펴보자. 이 예제에서는 "and thus" 앞에 콤마가 쓰이지 않았다. 하지만 "and" 앞의 문장이 긴 경우 readability를 높이기 콤마를 사용하기도 한다. 일반적으로 문장이 "thus"로 시작하면 "thus" 뒤에 콤마(,)가 쓰였다. 예를 들어 위의 문장을 두 개의 문장으로 나누면 다음과 같이 쓸 수 있다.

> However, topological information in Part 6 is of interest to operation systems. Thus, Part 6 should be considered together with Part 7 in unification. [Kim *et al.* 2013a]

"of interest to"의 또 다른 예를 보자.

It should be noted that not all values of logical nodes and CDCs are of interest to CIM applications (e.g., descriptions) and only the data of interest is defined in the unified model based on domain knowledge. [Kim *et al.* 2013b]

이 예문에서는 "CIM" 애플리케이션이 몇몇 "logical nodes"와 "CDCs"의 값들과 관련이 있음을 설명한다.

🌳 **"only if"**

유일한 조건을 나타낼 때 쓴다. "if"보다 강한 표현이다.

In their approach, users and objects are classified into high (H), medium (M), and low (L) levels and the subject of a user may activate only the roles at the same level or below. A user can read an object only if the user is cleared at the same or higher level than the object level and write to an object only if the level of the user is lower than that of the object. [Kim et al. 2014]

이 예제는 "read"와 "write"에 대한 각각의 조건을 "only if"로 설명하고 있다. 두 번째 "only if"의 "that of the object"에서의 "that"은 "the level of the user"의 "level"을 가리킨다. 수학의 논리(logic)에서 명제를 정의할 때 "if and if only (iff)"을 자주 쓰는데 이는 수학의 양방향 "implication"을 의미하는 것으로 "only if"와는 그 의미가 다르다.

🌳 **"readily"**

"즉각적이고 쉽게"라는 의미로 "easily"와 달리 "즉시"라는 시간적 의미를 내포한다. 또 다른 예를 보자.

For instance, in many cases, open source RBAC systems simply implements access control lists (ACLs) only, assuming that the data needed for ACLs and supporting RBAC entities (e.g., users, roles, and sessions) are readily available and accessible from in the target DBMS, which might not be always true. [Kim et al. 2011a]

이 예제에서는 "readily"가 앞의 "that" 절을 수식한다.

Since both RSA and *fmp* are Eclipse-based, the two were readily integrated.

* **"regardless of"**

"~와 상관없이"를 의미하며 논문에서 자주 쓰는 표현이다.

From a developer's standpoint, features can be selected in any order and regardless of the order, composition should result in the same configuration. [Kim and Lu 2010]

이 예제는 "configuration"이 "features"의 선택 순서와 상관없이 같은 결과가 나와야 함을 설명한다. 또 다른 예제를 보자.

This shows that no association block in the model conforms to the *ObjStructElem* role block and the model is evaluated to be non-conforming to the *Visitor* SPS regardless of the evaluation of the rest of the blocks. [Kim and Shen 2008]

이 예제는 나머지 "blocks"의 평가와 상관없이 모델이 "Visitor SPS"에 순응하지 않음을 설명한다.

🌳 **"rule of thumb"**

경험에서 알게 된 사실을 설명할 때 쓰는 표현으로 experience 와 유사하다.

---
A rule of thumb is that users are more perceptive to GUIs.

---

이 예제에서는 "that" 이하가 경험적 사실을 서술한다. "experience"를 사용하여 "From experience, we learn that users are more perceptive to GUIs."와 같이 표현할 수도 있다.

표현에 있어서 "perceptive"는 to 와 함께 쓰여 "~에 대해 수용적이다"를 의미한다.

"a rule of thumb"의 또 다른 예를 보자.

---
A rule of thumb advises that the use of a single access control model imposes potential venerability.

---

이 예제에서도 "that" 이하가 경험적으로 알게 된 사실을 설명한다. "advise"가 명사 "advice"와 혼동하지 않도록 주의한다.

🌳 **"set aside"**

"제쳐 놓다" 또는 "빼놓다"의 의미를 가지며 "excluded"와 유사하다.

The revision index 10 was set aside because the transaction has not been occurred yet before the transaction T-4.

이 문장에서는 주어가 "because" 절의 이유로 제외됐음을 설명한다. 다음 예제를 보자.

Sharing constraints are then applied to the resulting mappings to set aside violating instances and global conformance is determined based on the final mappings. [Kim and Shen 2008]

이 예제는 "sharing constraints"의 목적에 대해서 설명한다.

🌳 **"so as to"**

"in order to"와 같은 의미로 문어체에서 많이 쓰인다. 논문은 격식을 중요시 하기 때문에 이와 같은 문어체가 자주 쓰인다.

The operation takes the counter as a parameter so as to keep track of the number of loops.

이 문장은 "counter"의 목적에 대해 설명한다. 또 다른 예를 보자.

Components interact with one another so as to provide a service.

이 예제에서는 "components"의 상호작용에 대해 설명한다.

"one another"의 표현에 대해 잠깐 살펴보자. 일반적으로 "each other"는 두 개일 경우에 쓰고 "one another"는 두 개 이상일 때 쓴다고 알려졌으나 이에 대한 문법적 근거는 없다.

실제로 "one another"와 "each other"는 개수와 상관없이 거의 같은 의미로 쓰인다. 따라서 위의 문장에서 "one another" 대신 "each other"를 사용해도 무방하다.

🌳 **"so do(be) *subject*"**

"so"는 이전 내용과 같다는 것을 의미할 때 쓴다. 다음 예를 보자.

---

One way of restoring a system in consideration of security is to maintain administrative data (which is critical for security) separate from user data and restore them separately. In this way, administrative data is better protected, and so is the system. [Kim et al. 2009a]

---

이 예문에서의 "so"는 앞의 "better protected"를 수식한다. 즉, "administrative data"가 "better protected" 되듯이 "the system"도 잘 보호된다는 것을 말한다.

표현을 살펴보면 괄호를 사용해 "administrative data"를 수식해 주고 있다. 괄호를 사용한 이러한 짧은 수식 문장은 이해를 돕지만 긴 문장인 경우 문맥을 방해할 수 있어 주의한다. 또 다른 예를 보자.

---

The structure of a design pattern is described using diagrams and the consequence of pattern application, implementation issues, and trade-offs are described in text. Problems vary depending on specific situations, and so do the solutions. [Kim 2004]

이 예문에서는 "problems"가 상황에 따라 변화하듯 "solutions"도 변화함을 설명한다. "described in text"는 주어의 설명이 글로 됐음을 의미한다.

🌳 **"subject to"**

특정 행위가 행해져야 함을 의미한다. 논문에서 자주 쓰는 표현이지만 우리나라 사람들한테는 그 의미가 분명하게 와 닿지 않아 잘 안 쓰는 표현이다. 다음 예를 보자.

Not all problem roles need to be mapped. Any unmapped problem role is subject to be removed during transformation. [Kim *et al.* 2011a]

이 예제는 "unmapped problem role"이 변환 과정에서 삭제되어야 함을 설명한다. 또 다른 예를 보자.

Note that any duplicate data identified in the unification process is subject to be removed and only the data of interest to CIM applications is to be included in the unified model. [Kim *et al.* 2013a]

이 예문에서는 "any duplicate data"가 삭제되어야 함을 설명한다. 표현에 있어서 "is included" 대신 "is to be included"를 사용했다. 의미상 거의 차이는 없으나 후자는 "앞으로 포함될 것이다"는 미래의 의미를 내포하고 있다.

🌳 **"take into account"**

"~을 고려하다"의 의미로 "consider"와 같다.

The operations *deassignUser()* and *authorizedUsers()* in the *Role* class are redefined to take into account inherited roles in role deassignment and role activation. [Kim *et al.* 2011a]

이 예제는 "*deassignUser()*"와 "*authorizedUsers()*"가 "inherited roles"을 고려하여 재정의 됐음을 설명한다.

The Chinese Wall pattern [24] is similar to the MAC pattern in that it has reading and writing rules where writing rules take into account the Trojan horse problem. [Kim *et al.* 2006]

이 예문에서는 "writing" 규칙들이 "Trojan horse" 문제를 고려하고 있음을 설명한다. "in that"을 사용하여 "Chinese Wall pattern"과 "MAC pattern"의 유사성에 대해 자세히 설명하고 있다.

🌳 **"that being said"**

이전 문장에서 언급한 내용을 일컬을 때 쓴다. "With that being said"로 쓰기도 한다. 다음 예제를 보자.

Multiple roles can be activated within the same session and a user may have multiple sessions running simultaneously. That being said, a session can be defined as a mapping of a user to the set of the roles that are activated by the user. [Kim et al. 2014]

이 예제에서는 "That being said"가 이전 문장 전체를 일컫는다. 유사한 표현으로 "Having said that"이 있다. 하지만 의미상 차이가 있다. "That being said"는 이후의 주어로 무엇이 와도 상관없지만 "Having said that" 이후의 주어는 "그렇게 말한" 주체가 주어로 와야 한다. 현대 영어가 편리하게 진화함에 따라 "having said that"의 주체가 반드시 수어로 오지 않는 경우도 있으나 격식을 중요시하는 논문에서는 올바르게 쓰는 것이 바람직하다. 또 다른 예를 보자.

---

The realization multiplicity of a generalization relationship role must be always one less than that of the classifier role on which the generalization relationship role is defined. With that being said, the realization multiplicities in the pattern are consistent. [Kim 2013]

---

이 예제에서는 "With that being said"로 표현하여 이전 문장 전체를 수식한다. 의미는 "That being said"와 같다.

### 🌳 "that is"

"즉" 또는 "다시 말해"의 의미로 앞에 나온 문장을 부연 설명할 때 쓴다.

---

The *SSD* feature enforces SSD relations constraining that a user cannot be assigned two conflicting roles. That is, a user who has a membership in one role is prevented from being a member of the other. [Kim *et al.* 2011a]

---

이 예제에서는 "That is"가 이전 문장 전체를 부연 설명한다. 또 다른 예를 보자.

Given the syntax, the *Qualification* construct represents the ownership of the *Join* construct. That is, the join point in the *Join* construct is effective only when the feature specified in *Qualification* is in use. [Kim and Lu 2010]

이 예문 역시 "that is"가 앞의 문장 전체를 수식하고 있다.

### 🌳 "the degree to which"

"~에 대한 정도"의 의미로 공학 논문에서 "reliability" 또는 "verifiability"와 같은 "~ability"를 정의할 때 자주 쓰는 표현이다. 다음 예를 보자.

Availability is the degree to which an application is available with the expected functionality.

이 예제는 "availability"를 정의한다. 또 다른 예를 보자.

It can be reasonably argued that the degree to which the complexity is reduced would be significantly greater than an ad-hoc method and so is the benefit of this proposed approach if other non-traditional RBAC features (e.g., temporal RBAC, privacy RBAC, spatial RBAC) are considered.

이 예제에서는 "complexity"가 감소하는 정도(degree)를 설명한다. 내용을 살펴보면 논문에서 제시하는 방식이 "ad-hoc" 방식보다 "complexity"를 더 많이 줄인다는 것을 설명한다. "benefit"에 대해서도 논문이 제시하는 방식이 더 효과적임을 "so is the benefit"으로 간결하게 표현했다.

### 🌳 "thereby"

"그렇게 하여"의 의미로 "by that means" 또는 "as a result of that"과 유사하다. "thereby" 이후에 나오는 동사는 동명사 형태가 된다.

Object-oriented techniques enable modular development of software systems, thereby improving system maintainability.

예문에서 "thereby" 이후에 "improving"의 동명사가 쓰였다. "enable"은 공학논문에서 자주 쓰이는 단어이다. 다음 예제를 보자.

We separate access control from functional components and put into another component, thereby localizing changes to access control.

이 예제에서도 역시 "thereby" 이후에 "localizing"의 동명사가 쓰였다. "separate"나 "decouple"은 보통 "from"과 같이 쓰여 "~로부터 분리하다"란 의미로 쓰인다.

### 🌳 "the same ... as ..."

두 개의 대상이 서로 같음을 설명할 때 쓴다.

*Object* in MAC is the same concept as that in RBAC.

이 예제에서는 MAC 의 "object"와 RBAC 의 "object"가 같은 개념임을 설명한다. RBAC 의 "object"를 반복하지 않고

"that"으로 표현하여 문장이 지루하지 않고 간결해진다. 또 다른 예제를 보자.

---

Figure 2 shows the resulting sequence diagram. Note that the composition results in the same sequence diagram as the one in the *General* hierarchy feature.

---

이 예문은 "composition"의 "sequence diagram"과 "General hierarchy feature"의 "sequence diagram"이 같은 것임을 설명한다.
"result" 대해 잠깐 살펴보면 "composition results in"은 결과가 산출되는 것을 의미하고 "the resulting sequence diagram"은 산출된 "sequence diagram"을 의미한다. 여기서 "산출된"이라 하여 "resulted"로 쓰지 않는 것에 주의한다.

- **"the same is true for"**

이전 문장의 내용이 "for" 이하에 대해서도 사실임을 설명할 때 쓴다. "This is also true for"로 표현하기도 한다. 다음 예를 보자.

---

Tailoring is required due to the generality of the transformation rules implemented in *PatMoRe*. The same is true for other reusable artifacts such as design aspects (e.g., [8], [12]). [Kim *et al.* 2011a]

---

이 예제에서 "The same"은 이전 문장 전체를 가리킨다. 즉, 이전 문장 전체가 "for" 이하의 "other reusable artifacts"에 대해서도 사실임을 설명한다. 또 다른 예를 보자.

It should be noted that, for any domain, there is no such a thing as definite scope and the same is true for a domain model.

이 문장에서는 "the same"이 앞 문장의 "there is no such a thing as definite scope"을 가리킨다.

* **"to the best of our knowledge"**

"우리가 아는 한"을 의미하며 관련 연구(Related Work)나 답변서(response letter)를 작성할 때 자주 쓰인다.

To the best of our knowledge, none of previous works addresses the issue of pattern conformance of UML models. [Kim and Lu 2006]

이 예제는 저자들이 알고 있는 한 "pattern conformance"에 관한 기존 연구가 없음을 설명한다. 전혀 없다고 하는 것보다 이처럼 저자들의 지식에 한정하여 좀 더 합리적이고 완곡한 표현이 된다. 또 다른 예를 보자.

To the best of our knowledge, we are not aware of any work on feature-based configuration of access control models.

이 예제에서는 "To the best of our knowledge"를 "we are not aware of"와 함께 사용하여 이전 예제보다 더 완곡하게 표현했다.

* **"twofold"**

형용사로써 "두 개의"란 뜻을 가진다. "threefold" 또는 "fourfold" 등도 사용하지만, 일반적으로 "twofold"와 "threefold"를 많이 쓴다. 다음 예제를 보자.

Evaluating the conformance of a class diagram to an SPS is twofold: 1) checking the local conformance of the individual model blocks in the class diagram to the role blocks in the SPS and 2) checking the global conformance of the entire model to the SPS. [Kim and Shen 2008]

이 예제는 "conformance"의 평가가 두 가지로 이루어짐을 설명한다. "corresponding to"는 부합되는 대상을 표현할 때 쓴다. 과학논문에서 자주 쓰는 표현이다.

🌳 **"whereabouts"**

장소(place)나 위치(location)를 의미하며 문어체에서 주로 쓴다. 형태는 복수지만, 단수의 의미로도 쓰인다.

The whereabouts of the *descendants*() message and the *loop fragment* is determined relative to the location of the *add*() operation in the *Core* feature. [Kim *et al.* 2011a]

이 예제에서 "whereabouts"는 단수로 쓰였다. 내용을 살펴보면 "descendants() message"와 "loop fragment"의 위치가 "add() operation"의 위치에 상대적으로 결정됨을 설명한다. "상대적으로 결정된다"를 "determined relative to"로 표현했다. 이때 "relative"는 문장의 주어인 "whereabouts"를 수식한다. 만약 "determined"를 수식한다면 "relatively"가 된다. 일반적으로 "relative"는 동사보다는

명사의 수식에 자주 쓰인다. 여기서 "to"는 "~에 대해서"를 의미한다.

🌳 **"with respect to"**

"~와 관련해서"라는 뜻으로 대상을 한정할 때 쓴다. 다음 예제를 보자.

The UML model conforms to the Visitor pattern specification with respect to **pattern behaviors**.

이 예문은 "The UML model"이 "Visitor pattern"의 "behaviors"에 "conform"함을 설명한다. "with respect to"를 문장 앞으로 옮겨서 "With respect to pattern behaviors, the UML model conforms to the Visitor pattern specification."로 표현할 수도 있다. 이 경우 "behaviors"가 강조된다.

## 6 주의해야 할 표현

논문을 쓸 때 주의해야 할 표현들에 대해서 살펴보자.

## 6.1 시제 (Tense)

논문은 전체적으로 현재형을 쓴다. 하지만 과거형, 현재 진행형, 현재 완료형, 미래형 등 필요에 따라 다양한 시제를 쓸 수 있다.

### ♣ 현재

일반적인 설명문은 현재형을 쓴다. 몇 가지 예를 보자.

In the approach, we make use of both pattern's problem and solution domains for evaluating pattern applicability before applying a pattern and checking pattern conformance after the pattern applied.

이 문장은 논문에서 제안하는 해법을 현재형으로 설명한다.

Kumar *et al.* [7] present MSGMiner, a framework for building message sequence graphs (MSGs) from execution traces in the concurrent domain using maximal connected dependency graphs (MCDGs).

이 예제는 기존 연구를 현재형으로 설명하고 있다. 기존 연구를 과거형으로 설명하기도 한다. 하지만 저자들의 연구와 비교할 때는 현재형을 쓴다.

### ♣ 현재 진행

현재 진행되는 연구를 설명할 때 현재 진행형을 쓴다.

We are currently developing features for automatic composition of operation semantics using SAT4J [11]

이 문장은 현재 개발 중인 "features"에 대해 설명한다. 또 다른 예를 보자.

We are currently investigating similarities between aspect-oriented design and model refactoring to better understand how role-based refactoring techniques can be adapted to aspect-oriented design.

이 문장 역시 현재 진행 중인 연구에 대해 설명하고 있다. "Investigate"는 "study"나 "work"와 같이 "연구하다"라는 의미로 쓰인다.

### 🌳 현재 완료

이전 부문(section)의 내용을 언급할 때나 결론(Conclusion)에서 논문을 요약할 때 또는 관련 연구(Related Work)에서 기존 연구를 소개할 때 자주 쓴다. 다음 예를 보자.

Several researchers have studied deriving functional behaviors from execution traces (e.g., [4-7]).

이 예제는 "functional behaviors"의 추출과 관련한 현재까지의 관련 연구에 관해 설명한다. 또 다른 예를 보자.

There have been only a few works on specifying the problem domain of design pattern.

이 예제는 현재까지 "pattern"의 "problem domain"에 대한 정의를 연구하는 "work"가 많이 없음을 설명한다. 현재형을 사용하여 "There are only a few works on specifying the problem domain of design pattern."로 표현할 수도 있다.

표현에 대해 잠시 살펴보자. 관련 연구를 설명할 때 "work"를 가산 명사로 볼 것인지 아니면 불가산 명사로 볼 것인지 혼란스러울 때가 있다. 여기에 대한 의견은 분분하나 가산 명사로 보는 것이 더 바람직하다. 연구는 하나의 프로젝트로 볼 수 있기 때문에 셀 수(countable) 있다. 또한, 관련 연구를 하나하나 비교 분석하는 것을 목적으로 한다면 이 역시 셀 수 있다. "work"를 셀 수 있을 때 "few", "a few", "many" 등으로 수식한다. 반면 "work"가 특정 분야에 대해 일반적인 의미로 쓰일 경우 셀 수 없다. 예를 들어 "We have not done much work on pattern conformance."에서 "work"는 프로젝트 개념이 아닌 일반적인 연구를 의미한다. 따라서 불가산 명사이고 "little", "a little", "much", "considerable", "significant" 등으로 수식한다. 일반적인 연구의 동향을 나타낼 때도 불가산 "work"를 사용한다. 예를 들어 위 예문을 일반적인 "work"로 사용한다면 다음과 같이 표현할 수 있다.

There has been only a little work on specifying the problem domain of design pattern.

이 문장은 해당 분야의 연구가 많이 진행되지 않았음을 의미한다. 다음 예를 보자.

---

We have demonstrated a manual evaluation of pattern applicability in Section 5.

---

이 문장은 이전 부문의 내용을 언급하면서 현재 완료를 썼다. 또 다른 예를 보자.

---

We have presented an approach to developing a precise specification of the problem domain of design patterns in a systematic manner.

---

이 예제는 결론(Conclusion)에서 발췌한 문장으로 결론 이전까지 전개됐던 내용을 정리하면서 현재 완료를 사용한다.

### 현재 완료 진행

---

The service robot domain has been gaining increasing attention (e.g., see [3, 5]) for its significant impact on human life in diverse areas ranging from simple cleaning robots to complex humanoids. [Cho et al. 2012]

---

현재 완료 진행은 지금까지 그래 왔고 앞으로도 그러할 것이라는 예견을 의미한다. 따라서 현재 완료에 비해 앞으로도 그러할 것이라는 강조의 의미가 있다. 동시에 주관적이라 할 수 있다. 따라서 객관적 사실을 기반으로 하는 논문에서는 자주 쓰지는 않는다. 위의 예제에서는 "has been gaining"을 써서 "increasing attention"이 지금까지 그래 왔고 앞으로도 그렇게 될 것이라는 예전을 의미한다. 즉, "increasing attention"을 강조한다. 이는 "service robot domain"이라는 다소 미래 지향적인 분야를 설명하고 있기에 의도적으로 표현했다.

## 🌳 미래

미래형은 결론(Conclusion)이나 미래 연구(Future Work) 부문에서 앞으로 진행될 연구를 설명할 때 자주 쓴다. 또한, 이후 부문에 나올 내용을 미리 언급할 때 쓰기도 한다. 미래 시제는 "shall"과 "will"이 있고 어느 것을 사용해도 된다. "shall"은 전통적으로 1 인칭(I, we)에 쓰일 경우 의지를 나타내고 그 밖의 인칭에는 단순 미래를 나타낸다. 반면 "will"은 1 인칭에 대해 단순 미래를 나타내고 그 밖의 인칭에는 의지를 나타낸다. 하지만 현대 영어에서는 "will"도 "shall"과 마찬가지로 1 인칭에 대해 의지를 나타낸다. 다음 예를 보자.

---

We shall use C to denote the set of create operations, R the set of read operations, U the set of update operations, and D the set of delete operations.

---

이 예문은 앞으로 전개될 내용에서 사용될 축약어(acronyms)를 소개하고 있다. 이처럼 앞으로 전개될 내용을 소개할 때도 미래형을 쓸 수 있다. 표현을 살펴보면 "to denote"가 반복되어 "C" 이후에 생략되었음을 볼 수 있다. 또 다른 예를 보자.

The SSD constraints concerned in the presence of role hierarchies will be further discussed later in the SSD feature.

이 문장에서는 "SSD constraints"에 대해 이후에 추가 설명이 있음을 언급한다.

## 🌳 과거

관련 연구(Related Work)나 검증(Evaluation)에서 기존 연구를 분석하거나 이미 진행된 실험에 대해 설명할 때 과거형을 쓴다.

Reiss *et al.* [6] also proposed a *kTail*-based approach for building FSMs from execution traces.

이 문장은 관련 연구에 관한 문장으로 Reiss 외 연구자들이 제안한 접근법을 설명한다. 또 다른 예를 보자.

In our previous work, we presented the RBML notation to specify the solution domain of a design pattern [19–21,27-8] and developed tool support for generating a UML model from an RBML specification [29].

이 예문은 저자들이 이전에 발표했던 연구와 지원 도구에 대해 설명한다.

## 6.2 어조 (Toning)

### 🌳 과하거나 소극적인 표현

어조가 지나치게 과하거나 소극적인 것은 좋지 않다. 과한 어조는 객관성이 부족해 보일 수 있고 반대로 지나치게 소극적이면 신뢰성에 의구심이 들 수 있다.

확실한 근거 없이 "remarkable", "very", "extremely", "absolutely"와 같은 과한 표현을 쓸 경우 역풍(backfire)의 빌미를 제공한다. 다음 예를 보자.

---

An EDA-based software system is perfect for a user-driven environment.

---

이 문장에서는 근거 없이 "perfect"을 썼다. 설사 이후에 근거를 제시한다 해도 이렇게 단순하고 과한 문장은 삼가는 것이 좋다. 이 문장에 근거를 추가해 다음과 같이 수정할 수 있다. "An EDA-based software system is perfect as it provides a user-driven environment." 다소 개선되긴 했으나 여전히 "perfect"이 부담스럽다. "perfect" 대신 "suitable"을 써보자. "An EDA-based software system is suitable for a user-driven environment." 어조가 내려가면서 안정감 있다. 다음 예를 보자.

---

The idea of applying verified pattern solutions to commonly recurring problems in a software design attracted considerable attention very quickly [1-3].

이 문장에서는 "very quickly"의 표현이 격식과 객관성이 부족하다. 다음과 같이 수정해보자.

---

The idea of applying verified pattern solutions to common recurring problems in a software design has recently gained considerable attention [1-3].

---

보다 안정감 있고 격식적인 인상을 준다.

### 🌳 "intent" 와 "intention"

"intent"와 "intention"은 의미상 거의 차이가 없으나 "intent"가 "intention"보다 좀 더 의지를 나타낸다. 따라서 논문과 같이 주장을 펴는 문서에는 "intent"가 더 적절하다. "intention"은 비격식적인 문장에서 자주 쓰인다. 다음 예를 보자.

---

The intent of this work is to provide a reference that is easily accessible for developers to determine an appropriate pattern for a given problem and helps understand how the pattern addresses the problem.

---

이 문장은 해당 연구의 의도를 설명하고 있다.

### 🌳 "lack"과 "limited"

"lack"은 완전한 결핍을 의미하는 반면 "limited"는 제한된 대상을 의미한다. 둘 다 부정적인 표현이지만 "lack"이 더 부정적이다.

In the past, a barrier to the reuse of experiences above the code level was the lack of widely-accepted notations for representing requirements and design artifacts.

이 문장은 "widely-accepted notations"의 완전한 결핍을 말하고 있다. "lack"의 강한 어조를 낮추기 위해 "widely-accepted"의 표현을 쓴 저자들의 의도를 엿볼 수 있다. 이 문장을 "limited"를 사용하여 다음과 같이 표현해 보자.

In the past, a barrier to the reuse of experiences above the code level was limited notations to represent requirements and design artifacts.

이전 문장과 의미는 같으나 표현에서 좀 더 긍정적이라 할 수 있다. "lack of widely-accepted"를 "limited"로 바꾸면서 생긴 어감 차이를 반영하기 위해 "for representing"을 "to represent"로 바꾸었다. 의미는 같지만 "for representing"이 보다 뚜렷한 목적을 나타낸다.

### 🌳 "might"과 "may"

"might"와 "may"는 interchangeable 하지만 "might"이 "may"보다 낮은 확률(probability)을 나타낸다.

We also observe that cardinality-based feature modeling [7] might be useful in the domain of software architecture tactics where multiple instances of tactics are often required.

이 문장에서 "might"을 "may"로 바꾸면 더 강한 표현이 된다.

### 🌳 "must"와 "should"

"must"는 절대적 의미를 갖지만, "should"는 강한 의지를 표현한다. "should"가 강한 의지를 표현하지만, 강제성은 없다. 즉, "must"가 "should"보다 강한 표현이다. 연구는 가정과 조건을 전제로 하기 때문에 주장이나 결과를 100% 확신하는 경우가 많지 않다. 따라서 일반적으로 "should"가 더 많이 쓰인다. 다음 예제를 보자.

---

Such interferences are usually not explicit and should be analyzed and addressed during design process.

---

이 문장은 저자의 주장을 "should"로 표현했다. 만약 "must"를 사용했다면 "Why does it have to be during design process?"와 같은 반감을 살 수 있다. "should"로 표현하면 저자의 의도라고 이해할 수 있지만 "must"를 사용할 경우 독자들은 그 근거에 대한 의구심을 가지게 된다.

### 🌳 "no"와 "little"

"no"와 "little"은 둘 다 부정적 표현이다. 하지만 "no"는 완전한 부정을 나타내는 반면 "little"은 약간의 가능성을 내포한다. 다음 예를 보자.

---

However, there has been no work on systematic development of recommendations.

---

이 문장에서는 관련 연구가 전혀 없음을 설명한다. 이런 확신에 찬 부정적 표현은 삼가는 것이 좋다. 특히 관련

연구는 100% 모든 연구를 파악하기 어렵기 때문에 더욱 조심해야 한다. 다음과 같이 수정해 보자.

However, there has been little work on systematic development of recommendations.

"no" 대신 "little"를 사용하여 여지를 남겨 놓음으로써 문장에 대한 거부감도 적어지고 독자와의 공감대도 커진다. "little"보다 긍정적인 표현으로 "a little"이 있다. "little"은 "no"에 비해 긍정적일 뿐 의미 자체는 부정적이다. 하지만 "a little"은 의미 자체가 긍정적이다. "little"과 "a little"은 불가산 명사에 쓰고 가산명사에는 "few"나 "a few"를 사용한다.

### 🌳 "provide"와 "enable"

"provide"와 "enable"을 상호 대체하여 쓸 수 있다. "enable"은 능동적이고 적극적인 반면 "provide"는 수동적인 소극적이다. 다음 예제를 보자.

Optional tactics provide maneuverability in building an architecture according to an architectural strategy.

이 예제에서는 "optional tactics"가 "maneuverability"를 제공함을 설명한다. 이를 "enable"을 사용하여 다음과 같이 표현해 보자.

Optional tactics enable maneuverability in building an architecture according to an architectural strategy.

"enable"을 추가하여 "optional tactics 가 maneuverability 를 가능케 한다"는 능동적 표현으로 바꾸었다.

"architecture"는 건물의 설계를 의미할 경우 불가산 명사지만 위의 예제처럼 컴퓨터 시스템의 설계를 의미할 때는 가산 명사와 불가산 명사 둘 다 사용할 수 있다.

### 🌳 "usually"와 "often"

"usually"와 "often"은 의미는 비슷하나 "usually"가 "often"보다 강한 표현이다. "often" 대신 "frequently"도 자주 쓰인다. 다음 예를 보자.

---

As shown above, the *Exception* tactic is usually used together with the *Ping/Echo* tactic and *Heartbeat* tactic for handling faults.

---

이 예제는 "tactics"의 조합된 사용을 설명한다. "usually"는 강한 확신을 표현하는 만큼 근거가 뒷받침돼야 한다. "most"와 "many"도 "usually"와 "often"과 유사하게 설명할 수 있다.

### 🌳 부정적 표현

부정적 표현을 최대한 삼가는 것이 좋다. 예를 들어 연구의 한계 (limitation)를 설명할 때 종종 부정적인 표현을 쓰는 경향이 있다. 연구의 한계를 객관적으로 기술하는 것은 중요하나 부정적으로 기술할 필요는 없다. 최대한 긍정적으로 표현하는 것이 중요하다. 다음 예를 보자.

A major difficulty in this work was improving the accuracy of the approach with the limited information on component interactions.

이 문장은 결론(Conclusion)에서 발췌한 것으로 연구 과정에서 어려웠던 점을 설명하고 있다. "difficulty"라는 부정적 단어를 다음과 같이 수정해보자.

A major challenge in this work was improving the accuracy of the approach with the limited information on component interactions.

"difficulty"를 "challenge"로 바꾸어 같은 내용이지만 긍정적이고 능동적인 표현이 된다. 또 다른 예를 보자.

A survey shows that 32% of the time was spent on learning the RBML, 31% on defining problem specifications, 15% on defining solution specifications, 17% on defining transformation specifications, and 5% on tool usage. It took a long time to learn the RBML due to the slow learning curve on metamodeling.

이 예제에서 "took a long time"이 부정적인 느낌을 준다. 이를 다음과 같이 표현해보자.

A longer time was taken for learning the RBML due to the slow learning curve on metamodeling. [Kim 2013]

수동태 문장으로 바꾸어 의미는 같지만, 완곡한 표현이 되었다. 또 다른 예를 보자.

---

One issue that has not been directly addressed is scalability. The developer must provide binding statements for each aspect and for each scenario that the aspect crosscuts. [Araujo et al. 2004]

---

이 예제에서는 "directly"를 사용하여 부정적인 표현을 완곡하게 표현하려 했음을 엿볼 수 있다. 이 문장을 다음과 같이 좀 더 긍정적으로 표현해보자.

---

One issue to be further addressed is scalability.

---

같은 의미지만 좀 더 긍정적이다.

## 6.3 한국적 표현

영어 작문에 능숙하지 않은 한 우리말을 먼저 생각하고 영어로 표현하게 된다. 자연스러운 현상이다. 하지만 그런 과정에서 어색한 표현들이 생긴다. 이러한 어색함은 주로 비격식적인 단어의 사용으로 발생한다. 논문은 격식을 중요시하는 보고서로 비격식적인 단어의 사용은 자제하는 것이 좋다. 몇 가지 예를 보자.

### 🌳 "deal"

"deal"은 "다루다"라고 해석하여 우리나라 사람들이 자주 쓰는 단어다. 하지만 "deal"은 비격식적인 단어로 논문에서는 잘 쓰지 않는다. 다음의 예를 보자.

---

The service robot domain deals with robot systems which help people in everyday life.

---

이 문장은 번역하면 "서비스 로봇 분야는 사람들의 일상생활을 도와주는 로봇들을 다룬다."로 해석되어 문제가 없어 보인다. 하지만 격식적인 표현이 아니다. 다음과 같이 바꿔보자.

---

The service robot domain is concerned with developing robot systems for assisting people's needs in everyday life.

---

"deals with"을 "is concerned with"로 표현하여 격식적이고 기술적인 인상을 준다. "is concerned with" 대신 "addresses"로 표현할 수도 있다.

### 🌳 "expect"

어감이 뚜렷해 우리나라 사람들이 자주 쓰는 단어이다. 하지만 사실을 바탕으로 하는 논문에서는 자주 쓰지 않는다. 다음 예를 보자.

---

As stated in Section 5, we expect that these invariants can be used to verify services.

---

이 문장을 번역해 보면 "Section 5 에서 설명한 바와 같이, invariants 가 서비스를 검증하는 데 사용될 수 있을 것으로 예상한다."라고 할 수 있다. 번역은 문제없어 보이나 표현에서 "expect"와 "can"의 조합이 매끄럽지 못하다. 다음과 같이 바꿔보자.

---

As stated in Section 5, these invariants might be used for verifying services.

---

같은 의미를 전달하지만, 문장이 간결하고 명료하다. 또한, 단지 가능성만을 언급하여 가볍게 읽고 넘어갈 수 있다.

### 🌳 "possibility"

우리나라 사람들에게 친숙한 단어로 자주 남용되는 단어이다. 다음 예제를 보자.

---

Furthermore, this approach has possibility to derive improved behavioral models since it correctly identifies functions which are interaction sequences.

이 문장을 번역해보면 "더군다나, 이 접근법은 향상된 행동적 모델을 추출할 수 있는 가능성이 있다"고 할 수 있다. 번역상 자연스러워 보이나 영어 표현은 어색하다. 다음과 같이 수정해 보자.

Furthermore, this approach has potential for enhancing behavioral models as it is capable of identifying functions as sequences of interactions.

"possibility" 대신 "potential"을 썼다. "potential"은 잠재성을 의미하는 것으로 저자가 말하고자 하는 것에 더 가깝다. 또한 "as it is capable of identifying"을 추가하여 "potential"의 근거를 제시했다.

🌳 "so"

접속사로 쓰일 때 "그래서"라고 해석하여 논리적인 표현에 사용하는 경우가 종종 있다. 하지만 "so"는 생활영어에서 많이 쓰이는 비격식적인 단어로 논문에서는 거의 쓰지 않는다. 일반적으로 "so"는 원인에 대한 결과를 설명할 때 쓰는데 논문에서는 therefore"나 "thus", "accordingly", "consequently"와 같은 격식적인 단어로 인과 관계를 표현한다. 다음 문장을 보자.

The quality of a software system depends greatly on the design solutions chosen by the developer. So, design patterns, which encapsulate a proven solution for a recurring design problem, have been proposed to be reused in software system designs.

이 문장을 번역하면 "소프트웨어의 질은 개발자가 선택하는 디자인 해법에 따라 크게 좌우된다. 그래서 반복되는 문제의 해결을 위해 재사용을 목적으로 디자인 패턴이 제안됐다."라고 할 수 있다. 번역에서 "so"는 자연스럽지만, 영어 표현은 자연스럽지 않다. 이유는 "so"의 이전 문장과 "so"가 이끄는 문장 사이에 인과 관계가 없기 때문이다. 즉, 이전 문장이 디자인 패턴이 제안된 이유를 설명하지 않는다. 위 문장을 다음과 같이 수정해 보자.

The quality of a software system depends greatly on the design solutions chosen by the developer. Design patterns, which encapsulate a proven solution for a recurring design problem, have been proposed as a means to improve software quality through their reuse in software system designs.

"so"를 삭제하고 "as a means to improve software quality through their reuse"을 추가하였다. 새로 추가된 문장이 첫 번째 문장의 "software quality"와 연결되어 문맥의 흐름을 원활하게 한다. 또 다른 예제를 보자.

Two separate positive practices that are found in different parts of a process area may be integrated to generate synergy. So, it is important to understand relationships between findings and figure out which findings are more influential to other related findings and which findings can be grouped for improvement suggestion.

이 예제 역시 "So"가 "그래서"라는 논리적 의미로 쓰였다. 하지만 실제로 의도했던 표현은 "Thus"이다.

### 🌳 "that"과 "which"

우리나라 사람들이 자주 혼동하는 것 중 하나가 "that"과 "which"의 사용이다. "That"과 "which"는 둘 다 앞의 내용을 수식하지만, "that"은 앞의 내용을 한정하는 반면 "which"는 한정하지 않는다. 다음 예를 보자.

The method *valueOfTarget()* is treated as a method that is not related to any other methods in the class.

이 문장에서 "that"은 앞의 "a method"를 수식하지만 한정한다. 즉, 다른 "methods"와 연관되지 않은 "method"로 한정한다. 다음 예제를 보자.

The method *valueOfTarget()* is treated as an independent method which is not related to any other methods in the class.

이 문장의 경우 "which"가 앞의 "an independent method"를 설명하지만 한정하지 않는다. 즉, "which" 절이 "independent method"에 대해 일반적인 설명을 하는 것이다.

### 🌳 "well"

"well"을 "잘"이라고 해석하여 자주 쓰는 경향이 있다. 하지만 비격식적인 표현으로 논문에서는 잘 쓰지 않는다. 다음 예를 보자.

In practice, formal specifications of components are not managed well due to staff turnover.

이 문장을 번역하면 "구성요소의 정규 명세서가 스태프의 교체로 인해 잘 관리되지 않는다."라고 할 수 있다. 전혀 문제가 없어 보인다. 하지만 "well"의 비격식적 표현으로 어색하다. 다음과 같이 바꾸어 보자.

In practice, formal specifications of components are not properly managed due to staff turnover.

문장이 좀 더 자연스럽고 기술적인 인상을 준다.

### 🌳 동명사

동명사는 논문에서 흔히 사용되지만, 우리나라 사람들에게는 용법에 있어서 자주 혼동된다. 동명사는 명사처럼 쓰이지만, 동사의 기능을 한다. 따라서 그 동사의 주체를 늘 염두에 두어야 한다. 다음 예제를 보자.

Judging from the method interactions, it appears that the method pairs (*saveSampleData, retrieveHTTPItem*) and (*marshal, unmarshal*) perform a related function.

이 문장에서는 동명사 "Judging"의 주체가 명확하지 않다. 문맥상 문장의 주어인 "it"가 주체이어야 하지만 맞지 않는다. "it"가 가주어임을 참작하여 "that" 이하를 주어로 본다 해도 맞지 않는다. 위 문장을 다음과 같이 바꾸어 보자.

Judging from the method interactions, we conclude that the method pairs (*saveSampleData, retrieveHTTPItem*) and (*marshal, unmarshal*) perform a related function.

이 문장에서는 "Judging"의 주체가 "we"로 명확하다. 즉 "우리가 판단하건대"라고 해석할 수 있다. 여기서 "judging"과 "conclude"의 주체는 모두 "we"가 되고 "judge->conclude"의 순으로 이해한다. 동명사 구가 다음과 같이 문장 뒤에 올 수도 있다.

We conclude that the method pairs (*saveSampleData, retrieveHTTPItem*) and (*marshal, unmarshal*) perform a related function, confirming the experiment results.

이때 "confirming"의 주체는 "we"가 되고 "conclude->confirm"의 순으로 이해한다.

### 🌳 공백

가장 흔한 오류가 단어와 이후에 나오는 괄호와의 공백이다. 국어에서는 단어와 뒤에 나오는 괄호를 붙여 쓰지만, 영어는 띄어 쓴다. 다음 예를 보자.

We have applied our approach to a service robot which is developed by *Center for Intelligent Robotics* (CIR)

이처럼 원어를 소개하고 괄호에 약어(acronym)를 표현할 경우 띄어 쓴다.

## 6.4 그 밖의 표현

### 🌳 인칭 (Person)

논문에서 저자들을 일컬을 때 항상 1인칭 복수인 "we"를 쓴다. 저자가 한 명이라 해도 "we"를 쓴다. 관련 연구의 저자들을 일컬을 경우 3인칭 단수인 "he"나 "she" 또는 3인칭 복수인 "they"를 쓴다. 2인칭 "you"는 쓰지 않는다.

In this paper, we present an approach that systematically applies a design pattern to a problem model and transforms it to a solution model with traceability, which helps to understand how a design pattern addresses its intended design problem.

저널 논문의 경우 저자들의 약력이 들어가는데 이때 약력소개는 제삼자(third person)의 관점에서 쓴다. 즉, 본인을 "he"나 "she"로 칭한다.

Haase [2] uses a neural network method for identifying improvement points (weaknesses) that are critical for the organization to achieve the next maturity level. He uses process assessment data collected from other similar business units.

참고로 논문 심사위원으로서 논문을 심사할 경우 저자들을 칭할 때 "you"라는 직접적인 표현보다는 "the authors"라는 간접적인 표현을 쓰는 것이 바람직하다.

Dae-Kyoo Kim is an associate professor of the Department of Computer Science and Engineering at Oakland University. His research interests include UML modeling, smart grid, design pattern formalization, model refactoring, software architecture modeling, access control modeling, and software process.

### 🌳 "can"

"can"이 있고 없음에 따라 의미가 다소 달라질 수 있다. 다음 예를 보자.

The model in Figure 2 can be described similarly.

이 문장에서는 "similarly"부터 이전 문장에서 어떤 모델에 대한 설명이 있었음을 알 수 있다. 그 모델과 유사하게 "Figure 2"의 모델이 설명될 수 있음을 말한다. 즉, "can"으로 인해 반드시 설명하지 않아도 된다. 만약 "The model in Figure 2 is described similarly."로 표현하면 설명을 해야 한다. 설명하고 있음을 명확히 하고 싶을 때는 "The model in Figure 2 is described similarly as follows"로 표현할 수 있다.

### 🌳 "etc."

"*et cetera*"의 준말로 "그 밖의" 또는 "등등"을 의미한다. 비격식적인 문장에서는 자주 쓰이나 논문에서는 잘 쓰이지 않는다. "etc."를 써야 할 경우 "such as"와 같은 격식적인 표현을 쓰는 것이 바람직하다. 다음 예를 보자.

The *BehaviorExpression* component controls robot behaviors etc..

이 문장을 "such as"를 사용하여 다음과 같이 표현할 수 있다.

The *BehaviorExpression* component controls robot behaviors robot behaviors such as arm movement and speaking.

🌳 **"get"**

"get" 또한 비격식적인 단어로 논문에서는 잘 쓰지 않는다.

A recent study [Swinarski *et al.* 2012] shows that small IT companies also have gotten benefits from higher process capability.

이 문장을 다음과 같이 좀 더 격식적으로 표현할 수 있다.

A recent study [Swinarski *et al.* 2012] shows that small IT companies also have been benefited from higher process capability.

다음은 "get"의 예외적인 사용이다.

We view this approach as a special kind of multiple-inheritance where the elements having the same name get composed rather than renamed as in the traditional multiple-inheritance.

이 예제에서는 "is composed"의 수동태보다 좀 더 강한 사역을 표현하기 위해 예외적으로 "get"을 사용했다.

🌳 **"can" 과 "may"**

"can"과 "may"는 비슷한 의미를 가지나 "can"은 능동적이고 "may"는 수동적이다. 따라서 의지를 표현할 때는 "can"을 쓰고 허락을 표현할 때는 "may"를 쓴다. 다음 예를 보자.

Two different good practices found in the same process area may be integrated to generate synergy.

이 문장에서는 주어가 "two different good practices"로 수동적 주체이다. 따라서 "may"가 적절하다.

🌳 **"include"**

자주 사용하는 단어지만, 상황에 따라 세심한 의미 차이가 있다. 다음 예를 보자.

Primitive types include Boolean, Decimal, Float, and Integer.

이 문장에서 "include"는 나열된 네 가지 항목 외에도 다른 항목들이 더 있을 수 있음을 의미한다. 즉, 여지를 남겨 놓는 것이다. 항목들이 많이 모두 열거할 수 없을 때 대표로 몇 가지만 열거하고 나머지는 함축적으로 나타낸다. 만약 정확히 이 네 가지만을 일컬을 때는 "are"를 쓴다.

🌳 **"our"**

논문에서는 될 수 있으면 "our"라는 표현은 삼가는 것이 좋다. 자칫 "우리 것"이라는 배타적인 느낌을 줄 수 있기 때문이다. 특히 초록이나 서론과 같이 연구를 소개하는 부문에서는 더욱 주의한다. 다만 관련 연구 부문에서는 다른 연구와 비교할 때 간혹 쓰인다. 다음 예를 보자.

Our study is to present a process model for building improvement recommendations in a clear and synergetic way for effective process improvement action planning.

이 문장의 "Our"를 "This"로 표현하면 좀 더 객관적이 된다.

This study is to present a process model for building improvement recommendations in a clear and synergetic way for effective process improvement action planning.

또 다른 예를 보자.

The composition method in their work, however, is not rigorously defined, and thus it is difficult to verify resulting models. Their position fragments influenced join points in our work.

이 문장은 관련 연구 부문에서 발췌한 것으로 기존 연구와 해당 연구의 연관성을 설명한다. 이처럼 연구를 비교할 때 "our work"로 표현하여 기존 연구와 쉽게 구별할 수 있다.

## ♣ 붙임표의 사용

기수와 명사를 붙임표(hyphen)로 연결할 경우 명사를 단수로 표현한다.

Similar to IEC 61850, IEC 6197 is defined in a two-tier infrastructure.

이 예제에서 "two"와 "tier"를 붙임표로 연결하여 "two-tier"로 표현했다. 이때 "tier"가 복수가 아닌 단수로 표현됐음에 주의한다. 만약 붙임표가 없으면 "two tiers"와 같이 복수를 사용한다.

### 🌳 "since"와 "as"

"since"와 "as"는 특정 사항에 대한 근거를 제시할 때 사용한다. "since"가 "as"보다 좀 더 보편성을 가진다. 일반적으로 "as"는 저자와 독자 둘 다 인지하는 것(예를 들어 이전 문장에서 언급됐거나 널리 알려진 사실)을 근거로 할 때 쓰고 "since"는 그것뿐 아니라 전혀 새로운 것을 근거로 할 때도 쓴다.

---

Although observed candidates are in a specific sequence, the sequence is not definitive as functions may interleave one another.

---

이 문장에서는 "as" 절의 내용이 이전 문장에서 설명된 내용으로 저자와 독자가 함께 인지한다. 따라서 "as"를 썼다. 문맥상 "since"를 사용해도 무방하다.

### 🌳 부연 설명

문장의 특정 사항에 대해 부연 설명이 필요한 경우 문장의 흐름을 방해하지 않는 한도 내에서 괄호를 사용하여 부연 설명할 수 있다. 예를 들어 "(e.g., Separation of Duty)"나 "(i.e., increasing vulnerability)"와 같이 간단한 설명을 추가할 수 있다. 하지만 괄호가 길 경우 문장의 흐름을 방해할 수 있어 주의한다. 다음 예를 보자.

> The motivation of this approach is to reduce development overheads and complexity of application-level RBAC systems (where access control is tightly coupled with application functions) by separating access control from application functions and configuring RBAC features on a need basis.

이 예제의 경우 괄호 안의 문장이 너무 길어 가독성을 떨어뜨린다. 이런 경우 괄호 안의 문장을 독립된 문장으로 설명하는 것이 좋다. 다음 수정된 문장을 보자.

> Access control in RBAC systems is tightly coupled with application functions at the application-level. The motivation of this approach is to reduce development overheads and complexity of application-level RBAC systems by separating access control from application functions and configuring RBAC features on a need basis.

괄호에 있던 문장을 독립된 문장으로 만들어 문단 앞에 놓음으로써 다음 문장에서 설명하는 연구 동기를 보강해준다. 때로는 각주(footnote)를 사용하는 경우도 있으나 이 역시 독자가 각주를 보기 위해 문장을 끊어야 하므로 문장의 흐름을 방해한다.

## 🌲 과도한 예제의 사용

논문에서 적절한 예제의 사용은 이해를 돕는다. 하지만 과도한 사용은 논문을 산만하게 한다. 특히 초록이나 서론에서는 자제하는 것이 좋다. 다음 예를 보자.

[(a) CMMI is composed of 25 correlated process areas (e.g. project planning, requirement definition, verification process) for developing and maintaining software and systems.] [(b) For instance, user involvement in defining requirements and quality of the resulting requirements are highly related to performance of other development activities, such as design, testing, and project management.] [(c) Agile principals [6] such as "early and continuous delivery", "deliver working software frequently", and "business people and developer work together" can be better implemented with consideration of correlations among processes.]

이 문장은 서론의 한 부분으로 과도한 예제의 사용으로 인해 문맥이 흐르지 않는다. 특히 (b)의 예제는 (a)에서 말하고자 하는 요점과 거리감마저 있다. 또한 (c)는 참고 문헌을 인용하고 있기에 굳이 예제가 필요하지 않다. 이 같은 사항을 고려하여 다음과 같이 간소화할 수 있다.

CMMI is composed of 25 correlated process areas (e.g. project planning, requirement definition) for developing and maintaining software and systems. Agile principals [6] can be better implemented with consideration of correlations among processes.

### ※ 불필요한 표현

논문을 쓰다 보면 본의 아니게 불필요한 표현이나 중복표현이 들어간다. 이러한 표현들은 반복적인 교정(revision)을 통해 줄일 수 있다. 다음 예제를 보자.

The *HTTPResultConverter* class is a class that involves no internal attribute.

이 예제에서는 "a class"가 주어의 "class"와 중복된다. 이를 다음과 같이 수정할 수 있다.

The *HTTPResultConverter* class involves no internal attribute.

만약 "internal attribute"를 갖지 않는 클래스들이 이전 문장에서 설명했다고 가정하면 다음과 같이 쓸 수 있다.

The *HTTPResultConverter* class is one that involves no internal attribute.

여기서 "one"은 "internal attribute"를 갖지 않는 클래스 중 하나를 의미한다. 다른 예제를 보자.

This supports the fact that *FCM* captures cohesion aspects that are not addressed by any of the cohesion metrics considered in this analysis.

이 예제에서 "the fact"는 불필요한 표현이다. 이것을 빼도 문맥을 이해하는 데 문제없다. 오히려 문맥이 간결하고 분명해진다.

This supports that *FCM* captures cohesion aspects that are not addressed by any of the cohesion metrics considered in this analysis.

## 🌳 줄임말

논문에서는 격식으로 인해 "can't", "doesn't", "isn't" 과 같은 줄임말을 쓰지 않는다.

Since the approach doesn't take into account organization roles in user roles, RBAC policies that are based on organization roles can't be supported.

"can't"의 펼친 표현이 "can not"이 아닌 "cannot"임에 주의한다.

Since the approach does not take into account organization roles in user roles, RBAC policies that are based on organization roles cannot be supported.

## 🌳 축약어와 부정관사

축약어를 부정관사와 함께 사용할 때 축약어의 첫 번째 철자가 자음이지만 모음으로 발음 나는 경우 부정관사 "an"을 사용한다. 다음 예를 보자.

In a role hierarchy, if two junior roles in an SSD relation have the same senior role, a user assigned to the senior role can achieve the permissions given to both the junior roles, which causes a security breach.

---

"SSD"의 첫 철자가 "S"의 자음이지만, 발음이 "에스"의 모음으로 시작하여 "a"가 아닌 "an"을 사용하였다.

## 7    교정 (Revision)

논문 초본을 작성한 후 교정(revision)은 필수적인 단계이다. 제출하기 전 최소 세 번이 교정은 해야 한다.

**1 차 교정**

1 차 교정은 논문의 전체적인 구조와 흐름에 집중한다. 구조가 체계적인지 문맥이 잘 흐르는지 본다. 1 차 교정 시 고려해야 할 사항을 살펴보자.

- 부문(sections)의 위치가 적절한지 검토한다. 예를 들어 관련 연구(Related Work)를 논문 앞(서론 뒤)에 놓을 것인지 뒤(결론 앞)에 놓을 것인지 검토한다. 만약 관련 연구 부문에 많은 전문 용어(jargon)가 나오면 뒤에 놓는 것이 좋다. 그렇게 하여 독자들이 논문을 읽으면서 전문 용어에 자연히 익숙해질 수 있다. 반대로 관련 연구가 많은 경우 논문의 앞에 놓는 것이 좋다. 앞에 놓음으로써 독자에게 해당 연구가 기존 연구와 관련하여 어디에 위치(position)하는지 명확히 설명해줄 수 있다. 논문 심사 시 자주 나오는 의견이 연구의 위치에 관한 것이다.
- 부문의 분리 또는 통합이 필요한지 검토한다. 하나의 부문(section)이 길 경우 나눌 수 있는지 검토한다. 이러한 부문 분리는 연구 방법(Approach)의 하위 부문(subsections)에서 자주 일어난다. 또한, 관련 연구가 많은 경우 비슷한 연구를 묶어 하위 부문을 만들기도 한다. 역으로 부문이 짧으면 다른 부문과의 통합을 고려한다. 이 역시 연구 방법 부문의 하위 부문 간에 자주 일어난다. 부문이 짧을 경우 다른 부문의 하위 부문으로 들어갈 수 있는지 검토한다. 예를 들어 평가(Evaluation)

- 부문이 짧을 경우 사례 연구(Case Study)의 하위 부문으로 통합될 수 있다.
- 새로운 부문의 추가가 필요한지 검토한다. 예를 들어 서론의 연구 동기 설명이 부족한 경우 연구 동기(Motivation) 부문을 새로 추가해 자세한 설명을 한다. 연구 방식(Approach)에 대한 내용이 복잡할 경우 전체 내용을 간략하게 요약(overview)하는 하위 부문(subsection)을 추가하는 것도 좋다.
- 부록(Appendix)로 이동할 수 있는 부분이 있는지 검토한다. 논문에 필요하지만, 논문 전개상 반드시 본문에 필요 없는 내용은 부록에 넣을 수 있다. 예를 들어 여러 증명이 유사한 경우 첫 번째 증명만 본문에서 다루고 나머지는 부록에 넣는다.

## 2차 교정

2차 교정은 각 부문의 흐름과 구조를 점검하고 재조정한다 (각 부문의 구조는 2장을 참조한다). 예를 들어 서론은 연구 동기, 연구 문제, 관련 연구, 연구 방식, 공헌, 논문 구조 등으로 구성된다. 이러한 요소들이 적절하게 구성되었는지 검토한다. 다음 예를 보자.

### 원문 예제

[Interoperability between the substation domain and the power management domain of the standards is a key success factor for smart grids [4]. A smart grid involves numerous substations geared up with information and communications technologies facilitating power delivery on the substation side and a number of software applications on the power management side.

Interoperability is required for seamless data exchange of vertical operations between the domain and consistent data sharing within a respective domain. A glitch in one way or another may cause a failure in a smart grid.] <-연구 동기

[However, due to different domain nature and independent evolvement, IEC 61850 and IEC 61970 are not compatible in terms of semantic entities and their structure, which has been a major barrier in smart grid initiatives [5].]<-연구 문제

[In this work, we present a comprehensive analysis of data types involved in IEC 61850 and IEC 61970 to identify matching and mismatching data types and provide strategic solutions for harmonizing mismatching data types to be used as a basis for unifying the standards.]<-연구 방법

[This paper is organized as follow. Section II discusses related work. Section III explains the approach how to match IEC 61970 data types and IEC 61850 data types and which data types in both standards are semantically matched. Section III introduces IEC 61850 data types. Section IV introduces IEC 61970 data types. Both sections are needed to analyze each data types for matching them. Section V shows the results of matching between data types based on the character and semantics of data types.]<- 논문 구조

---

이 예제는 형식적으로 크게 문제가 없으나 관련 연구에 대한 설명이 빠져있다. 관련 연구의 설명은 해당 연구의 위치를 잡는 데 중요하다. 다음과 같이 관련 연구에 대한 문단을 추가할 수 있다.

---

[There has been some work (e.g., [6, 7, 8, 9]) for harmonizing/unifying the standards to address the incompatibility. The existing work, however, focuses only on conceptual entity mapping without concerning harmonization of fundamental data types, which is a pre-requisite for any harmonization work.]<- 관련 연구

때로는 독자의 이해를 돕기 위해 연구 동기를 설명하기 전에 연구 분야(domain)에 대해 설명한다. 예를 들어 다음을 연구 동기 이전에 추가할 수 있다.

[IEC 61850 [1] and IEC 61970 [2] are two major standards for electrical power infrastructure. IEC 61850 provides abstract data models for power system automation and continuously extends its coverage to distribution automation and distributed energy resource (DER). IEC 61970 addresses the common information model (CIM) and guidelines for interfaces for energy management systems (EMSs) and has been extended to IEC 61968 [3] covering distribution management systems (DMS).]<- 도메인

## 3 차 교정

3 차 교정은 문장 하나하나에 집중한다. 특히 독자의 입장에서 읽어 보는 것이 중요하다. 논문을 쓰다 보면 본인이 익숙한 부분은 설명 없이 지나치는 경우가 많다. 이로 인하여 독자들은 논문을 이해하는데 어려움을 겪을 수 있다. 다음 예를 보자.

**예제 1**

나도 영어 논문 써볼까?

In this section, we use the Visitor pattern to show how problem properties can be derived from the problem description of a pattern.

이 문장은 연구에서 "Visitor pattern"이 사용됐음을 설명한다. 하지만 왜 "Visitor pattern"을 선택했는지에 대한 설명이 없다. 다음과 같이 근거를 제시하면 설득력을 가진다.

In this section, we use the Visitor pattern to show how problem properties can be derived from the problem description of a pattern. The Visitor pattern was chosen for its wide use and the availability of more information on the problem domain than other patterns.

## 예제 2

In this section, we give an example of an SPS for the Visitor pattern [13].

이 문장 역시 연구에서 "Visitor pattern"을 사용함을 설명한다. "Visitor pattern"에 대한 참고 문헌을 달았지만 참고 문헌 외에 다음과 같이 "Visitor pattern"에 대해 추가 설명을 하면 독자가 이해하는 데 도움이 된다.

In this section, we give an example of an SPS for the Visitor pattern [13]. The Visitor pattern provides a solution for handling crosscutting operations in a structure of classes called elements by putting these operations into separate classes called visitors and having the visitors visit the elements to perform the operations on the elements.

### 예제 3

In the example, a program is represented as an abstract syntax tree and the compiler performs operations on the nodes in the abstract syntax tree.

이 문장은 "operations"에 대해 설명한다. 다음과 같이 구체적인 예를 제시하여 독자들의 이해를 도울 수 있다.

In the example, a program is represented as an abstract syntax tree and the compiler performs operations (e.g., type-checking, code generation) on the nodes in the abstract syntax tree.

## 8   논문 양식 (Format)

양식에 있어서 논문은 크게 일렬 정렬(single column)과 복열 정렬(double column)로 구분된다. 예제를 통해 양식에 대해 알아보자.

### 일렬 정렬

일렬 정렬은 일반적으로 저널에서 많이 사용한다. 일렬 정렬은 복열 정렬보다 내용이 적게 들어가는 반면 그림이나 그래프가 크게 보이는 장점이 있다. 복열 정렬에서는 보통 한쪽 렬에만 그림을 넣기 때문에 그림들이 작다. 두 열에 모두에 걸쳐 넣을 경우 공간을 많이 차지한다. 다음은 LaTeX 의 스타일 파일인 "article.sty"를 사용한 예이다.

### 예제

# 나도 영어 논문 써볼까?

## Software Model Transformation Using Design Patterns

Dae-Kyoo Kim[a,b], Byunghun Lee[a], and Sangsig Kim[b]
[a]Department of Computer Science and Engineering
Oakland University
Rochester, MI 48309, USA
{kim2,blee}@oakland.edu
[b]Software Engineering Laboratory
Rochester, MI 48309, USA
{skim2345}@softlab.com

### Abstract

Design patterns provide proven solutions for recurring design problems and their use often results in high quality software. However, use of design patterns has been mostly manual depending largely on the knowledge and experience of the developer about patterns, which has been a major obstacle in pattern use. The existing work on design patterns focuses on identification of pattern instances and does not address pattern application. This paper describes an approach to systematically applying design patterns to application models to improve design quality. In this approach, we define a design pattern in terms of problem specification, solution specification, and transformation specification. An application model without design patterns is evaluated for pattern applicability against the problem specification. If the pattern is applicable, the transformation specification applied to the problem model based on the solution specification. The resulting model is a solution model conforming to the solution specification. We evaluate the cost-effectiveness of the approach by developing applying it in three case studies. The evaluation results show that the presented reduces 32% of development cost, which is statically proven valid.

**keywords:** design pattern, model refactoring, pattern conformance, RBML, UML.

## 1 Introduction

Software systems evolve throughout their life-cycle through changes made for various purposes such as correcting errors, improving performance, adapting the system to a new platform, and adding new functionality. For efficient accommodation of such changes, systems should be designed to be flexible, scalable, and maintainable. Design patterns (e.g., see [12, 40]) are commonly used reusable design artifacts providing proven solutions built upon experience for recurring design problems. A study shows that use of design patterns often results in high quality software that is more extendible and maintainable [36]. However, pattern use in development has been limited for many reasons which are summarized as follows:

Developers are required to have experience and knowledge about design patterns at the level where they can determine what patterns to use for a given problem and how to realize patterns in the model. However, due to the abstraction and ambiguities in the prevailing pattern descriptions, it becomes a challenge for those who do not have much experience with design patterns to use

## 복열 정렬

복열 정렬은 가장 많이 쓰는 양식으로 많은 학회와 저널이 이 양식을 쓴다. 복열 정렬이라 해도 학회와 저널마다 공간 간격, 글자 크기, 폰트 등의 차이가 있다. 대부분 학회와 저널이 자체 양식에 맞는 Microsoft Word 나 LaTeX 서식(template)을 제공한다. 이러한 서식을 "style file" 또는 "class file"이라고 부른다. 다음은 Institute of Electrical and Electronics Engineers (IEEE)에서 제공하는 "IEEEtran.cls"를 사용한 예이다.

### 예제

나도 영어 논문 써볼까?

# Software Model Transformation Using Design Patterns

Dae-Kyoo Kim[a,b], Byunghun Lee[a], and Sangsig Kim[b]
[a]Department of Computer Science and Engineering
Oakland University
Rochester, MI 48309, USA
{kim2,blee}@oakland.edu
[b]Software Engineering Laboratory
Rochester, MI 48309, USA
{skim2345}@softlab.com

*Abstract*—Design patterns provide proven solutions for recurring design problems and their use often results in high quality software. However, use of design patterns has been mostly manual depending largely on the knowledge and experience of the developer about patterns, which has been a major obstacle in pattern use. The existing work on design patterns focuses on identification of pattern instances and does not address pattern application. This paper describes an approach to systematically applying design patterns to application models to improve design quality. In this approach, we define a design pattern in terms of problem specification, solution specification, and transformation specification. An application model without design patterns is evaluated for pattern applicability against the problem specification. If the pattern is applicable, the transformation specification applied to the problem model based on the solution specification. The resulting model is a solution model conforming to the solution specification. We evaluate the cost-effectiveness of the approach by developing applying it in three case studies. The evaluation results show that the presented reduces 32% of development cost, which is statically proven valid.

**keywords**: design pattern, model refactoring, pattern conformance, RBML, UML.

## 1. INTRODUCTION

Software systems evolve throughout their life-cycle through changes made for various purposes such as correcting errors, improving performance, adapting the system to a new platform, and adding new functionality. For efficient accommodation of such changes, systems should be designed to be flexible, scalable, and maintainable. Design patterns (e.g., see [12], [40]) are commonly used reusable design artifacts providing proven solutions built upon experience for recurring design problems. A study shows that use of design patterns often results in high quality software that is more extendible and maintainable [36]. However, pattern use in development has been limited for many reasons which are summarized as follows:

Developers are required to have experience and knowledge about design patterns at the level where they can determine what patterns to use for a given problem and how to realize patterns in the model. However, due to the abstraction and ambiguities in the prevailing pattern descriptions, it becomes a challenge for those who do not have much experience with design patterns to use patterns. Improper pattern use may make the development more complex and compromise system quality.

There is little work that supports systematic use of design patterns at the design level. The existing work mostly focuses on formalizing pattern properties. However, use of design patterns involves various other aspects such as checking pattern applicability, incorporating pattern properties, and evaluating solution conformance, which have not been adequately addressed.

there are few tools that support pattern use at the design level. The existing tool support for design patterns resides mostly at the implementation level where high complexity is involved due to implementation details. We argue that design patterns should be used at the design level where they are originally defined and intended to be used and can be better understood and applied without being tangled with implementation details.

To address the above issues, we present an approach that enables systematic application of design patterns at the design level and tool support for the approach. In the approach, we define a design pattern in terms of three components – a problem specification, a solution specification, and transformation. A problem specification captures the problem domain of design pattern by characterizing the problem models in the domain. Similarly, a solution specification captures the solution domain of design pattern by characterizing the solution models. Transformation defines a mapping between

## 9   논문 작성 도구

논문 작성 시 여러 가지 도구(tool)가 사용된다. 먼저 편집기(editor)가 필요히디. MS Word 와 같은 일반 편집기를 사용할 수 있다. 이러한 일반 편집기의 가장 큰 장점은 손쉬운 사용이다. 하지만 논문을 작성하기엔 몇 가지 불편함이 있다. 예를 들어 논문의 그림이나 표의 식별자 순서를 일일이 수작업으로 맞춰줘야 한다. 또한, 그림과 표가 바뀔 때마다 이들 식별자를 참조하는 문장도 일일이 수작업으로 수정해야 한다. 또 다른 큰 불편함은 참고 문헌이다. 참고 문헌은 논문 작업 시 수시로 바뀌기 때문에 그때마다 참고 문헌뿐만 아니라 인용 문장까지 일일이 수작업으로 수정해야 한다.

또 다른 편집 방법은 LaTeX 를 이용하는 것이다. LaTeX 는 태그(tag)를 기반으로 한 문서 편집 언어로 일반 문서 편집기의 불편함이 없다. 하지만 익히는 데 다소 시간이 걸린다는 단점이 있다. 기본 형식과 태그를 배우는데 약 일주일 정도 소요된다. LaTeX 를 사용하기 위해서는 역시 편집기가 필요하다. 리눅스(linux)에서 제공하는 "vi"나 "emacs" 같은 편집기를 사용해도 되고 오픈 소스(open source) 응용프로그램인 "Texmaker"나 상업 프로그램인 "WinEdt"를 사용할 수도 있다.

## 9.1 LaTeX

LaTeX 는 공학에서 쓰이는 각종 수식을 표현하기에 편리하다. 여러 가지의 LaTeX 가 존재하지만, 필자는 Windows 를 기반으로 하는 MiKTeX 를 추천한다. 다음의 간단한 예제를 통해 LaTeX 를 배워보자.

### 🌿 documentclass

\documentclass[11pt]{article}
\begin{document}
"A person who never made a mistake never tried anything new."
– A. Einstein
\end{document}

첫 줄은 문서의 클래스를 선언한다. 즉, 작성할 문서의 종류를 선언하는 것이다. 표준 클래스로는 article, report, book, letter, slides 가 있다. 클래스 선언과 동시에 폰트 크기(예: [11pt])를 정하고 정렬의 종류(일렬, 복열)를 정한다 (예: [twocolumn]). 문서의 시작과 끝을 \begin{document}과 \end{document}로 선언한다.

### 🌿 "title" 과 "author"

위 예제에 논문의 제목과 저자를 추가해보자.

\documentclass[11pt]{article}
\begin{document}
\title{Quote Collection}
\author{Dae-Kyoo Kim\\
    Department of Computer Science and Engineering\\
    Oakland University\\
    Rochester, MI 48309, USA\\
    kim2@oakland.edu}

```
\date{}
\maketitle
"A person who never made a mistake never tried anything new."
-- A. Einstein
\end{document}
```

타이틀 페이지는 제목, 저자, 날짜로 구성된다. \title 태그를 사용하여 논문 제목을 추가하고 \author 태그로 저자와 소속을 추가한다. 날짜를 넣지 않을 경우 \date{}를 선언한다. 실제 타이틀 페이지는 \maketitle 태그로 생성된다.

### 🌳 Bibliography

논문에서 참고 문헌은 필수다. 참고 문헌의 예를 보자.

```
\documentclass[11pt]{article}
\begin{document}
\title{Quote Collection}
\author{Dae-Kyoo Kim\\
    Department of Computer Science and Engineering\\
    Oakland University\\
    Rochester, MI 48309, USA\\
    kim2@oakland.edu}
\date
\maketitle
"A person who never made a mistake never tried anything new."
-- A. Einstein \cite{einstein}
\begin{thebibliography}{1}
\bibitem{einstein} Albert Einstein {\em Albert Einstein Quotes} 1879-1955.
\end{thebibliography}
\end{document}
```

참고 문헌은 \begin{thebibliography}와 \end{thebibliography}으로 선언한다.

### 🌳 BibTeX

참고 문헌은 BibTex 를 이용하여 추가할 수도 있다. 다음 예를 보자.

\bibliographystyle{plain}
\bibliography{example}

첫 번째 줄은 참고 문헌의 형식(style)을 선언하고 두 번째 줄은 실제 참고 문헌이 저장된 "bibtex file"의 이름을 지정한다. 이 예제에서는 "example.bib"을 사용했다. 파일 안에는 다음과 같은 형식으로 참고 문헌이 선언된다.

@misc{einstein,
  author = {A. Einstein},
  title = "{Albert Einstein Quotes}",
  year = {1879-1955}
}

@misc 는 "miscellaneous"의 약자로 참고 문헌의 한 종류를 나타낸다. 일반적으로 참고 문헌의 종류는 책(books), 학술지(journal papers), 학회지(conference papers, symposium papers, workshop papers), 기술 보고서(technical reports), 석박사 논문(theses, dissertations) 등이 있고 그 밖에 문헌들은 "miscellaneous"로 기재한다. 다음은 종류별 예제이다.

### 🌳 Books

@book{GHJV95,
    author = {E. Gamma and R. Helm and R. Johnson and J. Vlissides},

        title = "{Design Patterns: Elements of Reusable Object-Oriented Software}",
        publisher = {Addison-Wesley},
        year = {1995}
}

### 🌳 Journal Papers

@article{FKGS04,
        author = {R. France and D. Kim and S. Ghosh and E. Song},
        title = "{A UML-Based Pattern Specification Technique}",
        journal = {IEEE Transactions on Software Engineering},
        volume = {30},
        number = {3},
        pages = {193-206},
        year = {2004}
}

### 🌳 Book Chapters

@InCollection{Kim07,
        author = {D. Kim},
        title = "{The Role-Based Metamodeling Language for Specifying Design Patterns}",
        booktitle = {Design Pattern Formalization Techniques},
        editor = {Toufik Taibi},
        pages = {183-205},
        publisher = {Idea Group Inc.},
        year = {2007}
}

### 🌳 Conference Papers

@InProceedings{KL06,
        author = {D. Kim and L. Lu},

나도 영어 논문 써볼까?

    title = "{Inference of Design Pattern Instances in UML Models via Logic
         Programming}",
    booktitle = {Proceedings of the 11th IEEE International Conference on Engineering
         of Complex Computer Systems},
    pages = {47-56},
    address = {Stanford, CA},
    year = {2006}
}

### 🌳 Ph.D. Dissertations

@phdthesis{Eden99,
    author = {A. Eden},
    title = "{Precise Specification of Design Patterns and Tool Support in Their
         Application}",
    school = {University of Tel Aviv, Israel},
    year = {1999}
}

### 🌳 Technical Reports

@techreport{LK09,
    author = {L. Lu and D. Kim},
    title = "{Verifying Behavioral Preservation of Sequence Diagrams}",
    number = {CSE-09-TR-0602},
    institution = {CSE Department, Oakland University},
    address = {Rochester, MI},
    month = {June},
    year = {2009}
}

논문의 그림(figure)은 "graphicx"라는 "package"를 이용하여 추가한다. 다음은 "graphicx package"를 이용한 예이다.

※ **"figure"**

\documentclass[11pt]{article}
\usepackage{graphicx,subfig}
\begin{document}
\title{Quote Collection}
\author{Dae-Kyoo Kim\\
　　　Department of Computer Science and Engineering\\
　　　Oakland University\\
　　　Rochester, MI 48309, USA\\
　　　kim2@oakland.edu}
\date
\maketitle
"A person who never made a mistake never tried anything new."
– A. Einstein \cite{einstein}
\begin{figure}[!htb]
\begin{center}
\scalebox{0.45}{\includegraphics{Figures/einstein.eps}}
\end{center}
\caption{Albert Einstein}
\label{fig:einstein}
\end{figure}
\cite{Einstein}
\bibliographystyle{plain}
\bibliography{example}
\end{document}

LaTeX에서는 "EPS (encapsulated postscript)" 형식의 그림만 사용할 수 있다. "JPEC"이나 "GIF" 등 그 밖의 형식들은 그래픽 도구를 이용하여 "EPS"로 변환한 후 사용할 수 있다.

### ♣ "itemize"와 "enumerate"

여러 항목을 나열할 경우 "itemize"나 "enumerate" 태그를 사용하여 나열할 수 있다. "itemize"는 비순열 항목들에 대해 사용하고 "enumerate"는 순열항목들에 대해 사용한다.

\documentclass[11pt]{article}
\usepackage{graphicx,subfig}
\begin{document}
\title{Quote Collection}
\author{Dae-Kyoo Kim\\
    Department of Computer Science and Engineering\\
    Oakland University\\
    Rochester, MI 48309, USA\\
    kim2@oakland.edu}
\date{}
\maketitle
\begin{itemize}
\item "A person who never made a mistake never tried anything new." – A. Einstein \cite{einstein}
\item "If you tell the truth, you don't have to remember anything." – M. Twain \cite{twain}
\end{itemize}
\begin{enumerate}
\item "A person who never made a mistake never tried anything new." – A. Einstein \cite{einstein}
\item "If you tell the truth, you don't have to remember anything." – M. Twain \cite{twain}
\end{enumerate}
\begin{figure*}[!htb]
\centering
\subfloat[Albert Einstein]
{\includegraphics[width=25mm]{Figures/einstein.eps}} \qquad
\subfloat[Mark Twain]

{\includegraphics[width=25mm]{Figures/twain.eps}}
\caption{Einstein \& Twain}
\label{fig:quotes}
\end{figure*}
\bibliographystyle{plain}
\bibliography{example}
\end{document}

### 🌲 PDF 파일 생성

위의 LaTeX 파일을 생성하면 다음과 같은 문서가 생성된다.

# Quote Collection

Dae-Kyoo Kim
Department of Computer Science and Engineering
Oakland University
Rochester, MI 48309, USA
kim2@oakland.edu

- "A person who never made a mistake never tried anything new." A. Einstein [1]
- "If you tell the truth, you dont have to remember anything." M. Twain [2]

1. "A person who never made a mistake never tried anything new." A. Einstein [1]
2. "If you tell the truth, you dont have to remember anything." M. Twain [2]

(a) Albert Einstein  (b) Mark Twain

Figure 1: Einstein & Twain

## References

[1] A. Einstein. Albert Einstein Quotes, 1879-1955.

[2] M. Twain. Mark Twain Quotes, 1835-1910.

## 9.2 Microsoft Word

많은 학회와 저널이 MS Word 의 서식을 제공한다. 예를 들어 http://www.computer.org/portal/web/tse/author 에서 IEEE Transactions on Software Engineering 저널의 MS Word 서식을 에서 내려받을 수 있다. MS Word 의 서식은 사용은 쉬우나 앞서 언급한 수작업의 단점이 있다.

## 10  논문 투고

논문은 연구의 성숙도에 따라 워크숍(workshop), 학회(conference) 또는 저널(journal)에 제출한다. 연구 초기의 결과물인 경우 워크숍이나 심포지엄(symposium)에 제출한다. 그러한 논문을 "position paper"라고 부른다. "position paper"는 연구를 본격적으로 진행하기에 앞서 초기 결과물을 학계에 보고하고 의견을 수렴하는 것을 목적으로 한다. 학회 논문은 연구 중간 성과물을 보고한다. 따라서 워크숍 논문보다 성숙도가 높다. 저널 논문은 최종 연구 성과물을 보고, 기록하고 저장(archive)을 목적으로 한다.

종류를 선택한 후 행위지(venue)를 선택한다. 분야별로 다양한 학회와 저널들이 있으며 논문의 성격과 질(quality)에 따라 적절한 곳을 선택한다. 학회는 인지도에 따라 "top-tier", "second-tier", "third-tier"로 구분할 수 있으며 높은 등급(tier)일수록 경쟁률이 높고 논문의 질도 좋다. 보통 통과율(acceptance rate)이 20% 내외인 학회는 "top-tier"로 구분하고, 40% 내외는 "second tier", 그 밖은 "third-tier"로 구분한다. 통과율을 발표하지 않는 분야에서는 해당 분야에서 인지도가 높은 학회를 선택한다. 워크숍의 경우 일반적으로 "top-tier" 학회와 함께 열리는 워크숍의 인지도가 높다. 학회나 워크숍의 기술 위원회(Program Committee)도 학회의 질을 가늠할 수 있는 자료가 된다. 저널은 영향력 계수(IF: Impact Factor)에 따라 학회와 마찬가지로 세 개의 등급으로 나눌 수 있다. 영향력 계수가 높을수록 저널의 질도 좋다. 분야마다 영향력 계수가 다르므로 분야 간 영향력 계수를 비교할 때는 항상 상대 평가를 한다. 유력한 저널들은 공신력 있는 기관에 의해 인덱스(index)가 되고 해마다 영향력 계수를 공개한다. 예를 들어 과학 분야는 Institute for Scientific Information (ISI)에서 Science Citation Index (SCI)/Science Citation Index Extended (SCIE)에 등재된 저널들에 대해 해마다 영향력 계수를 공개한다.

## 10.1 투고 서신 (Cover Letter)

몇몇 저널들은 논문 투고 시 투고 서신을 함께 요구하기도 한다. 투고 서신에는 이전에 출판된 유사한 논문과 이들 논문과 비교하여 새로 추가된 내용을 설명한다. 만약 이전에 출판한 논문이 없으면 처음 제출되는 것임을 밝힌다. 또한, 심사위원을 추천할 수도 있다. 다음은 투고 서신의 예이다.

**예제**

나도 영어 논문 써볼까?

Dear Editor:

We are pleased to submit a manuscript titled "Pattern-Based Model Transformation and Tool Support" to the Journal of Software: Practice and Experience. This manuscript is an extension of our preliminary work "Software Quality Improvement via Pattern-Based Model Refactoring" published at the 11th IEEE High Assurance Systems Engineering Symposium (HASE), 2008 which is cited in the manuscript. The extension includes

- elaborated related work in Section 2,
- transformation principles, role block instantiation, and type conversion in Subsection 4.2,
- tool development in Section 5, and
- an industrial case study in Section 7.

They are also described in the manuscript. We thank you for the consideration of possible publication in the Journal of Software: Practice and Experience. Please let us know if anything else is needed regarding this submission.

Sincerely,

Dae-Kyoo Kim

## 10.2 페이지 제한

대부분의 학회 논문은 페이지 제한이 있다. 분야와 학회마다 조금씩 다르긴 하지만 공학계열 학회들은 보통 5~10 페이지가 일반적이다. 저널은 페이지 제한이 있는 것도 있고 없는 것도 있다. 컴퓨터 과학분야의 저널은 대부분 페이지 제한이 없는 반면 전기 분야 저널은 대부분은 페이지 제한이 있다. 페이지 제한이 없다 해도 지나치게 긴 논문은 심사 없이 거부되기도 하기 때문에 주의한다. 논문 경험이 많이 없으면 페이지 제한을 맞추기가 쉽지 않다. 페이지 제한을 맞출 때 다음 사항들을 고려해 볼 수 있다.

- 그림의 크기를 줄인다. 세로가 길고 가로가 짧을 경우 세로를 줄이고 가로의 여백을 이용하여 옆으로 늘리면 논문의 길이를 줄일 수 있다. 그림을 촘촘하게 꾸며 그림 자체의 크기를 줄일 수 있는지 본다. 또한, 복열정렬(double column)에서 그림이 두 개의 칼럼에 걸쳐져 있으면 하나의 칼럼에 넣을 수 있는지 고려해본다. 두 칼럼에 걸쳐 있는 경우 양옆의 여백이 남아 공간이 낭비된다.
- 그림에 대한 설명을 줄인다. 그림 자체로 설명이 되는(self-descriptive) 그림은 글에서 따로 설명을 해주지 않아도 된다.
- 문장을 줄인다. 한두 개의 단어로 인해 문장의 끝이 한 줄을 차지하는 경우에 문장을 다시 정리하여 끝의 한 줄을 줄인다. 이 방법은 페이지 제한이 많이 초과하지 않았을 때 유용하다.
- 참고 문헌(references) 리스트의 간격을 줄인다. 참고 문헌 간의 간격이나 학회의 이름을 줄인다. 학회 논문인

경우에 학회 횟수와 개최지 정보를 빼고 출판 연도만 적어도 된다.
- 유사한 참고 문헌을 줄인다. 같은 저자의 참고 문헌이 여러 개일 경우 대표 논문 하나만 참고 한다
- 유사한 문장을 삭제한다. 반복 교정을 통해 유사한 문장이나 중복 문장을 정리한다.

## 10.3 논문 투고

논문 투고는 대부분 온라인으로 이루어진다. 학회 같은 경우 자체 제출 시스템(submission system)이 있거나 "EasyChair Conference System (easychair.org)"와 같은 상업 서비스를 이용하기도 한다. 학회에 따라 초록을 먼저 제출하고 일주일 정도 후에 논문을 제출하는 경우도 있고 바로 논문을 제출하기도 한다. 일부 학회는 조언 시스템(mentoring system)이 있어 연구 초심자들이 논문을 제출하기 전 해당 분야 전문가의 조언을 받을 수 있도록 도와준다. 투고 논문이 많지 않은 경우 학회가 제출 마감일(deadline)을 짧게는 며칠 길게는 2주 까지 연장하기도 한다. 하지만 프리미엄 (premium) 학회는 제출 마감일이 엄격하다.

대부분의 저널은 논문 제출 마감일이 없다. 하지만 특집호(special issue)의 경우 마감일이 있다. 특집호는 종종 학회 후(post conference) 행사로 기획되어 학회에 제출된 논문 중 좋은 논문들을 선별하여 그것들의 확장 버전(version)으로 만들어진다. 많은 저널이 "ScholarOne Manuscripts" 투고 시스템 (submission system)을 사용한다. "ScholarOne Manuscripts" 시스템의 투고 과정에 대해 살펴보자.

# 나도 영어 논문 써볼까?

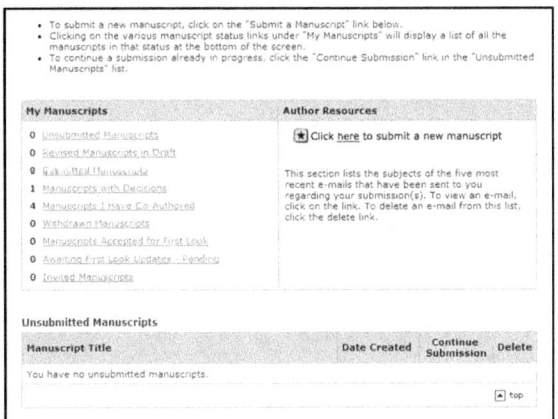

그림 1. Initial Screen after Login

먼저 제출 시스템에 로그인하면 그림 1과 같은 초기 화면이 나온다. 이 화면은 이미 제출된 논문들의 진행 상태를 보여준다. 예를 들어 그림 1에서는 1개의 논문 (manuscript)에 대한 심사 결과가 나왔고 4개의 논문에 공동저자로 들어가 있음을 보여준다. 오른쪽 칼럼 (column)에 "here"를 누르면 새로운 논문을 제출할 수 있는 그림 2가 나온다.

나도 영어 논문 써볼까?

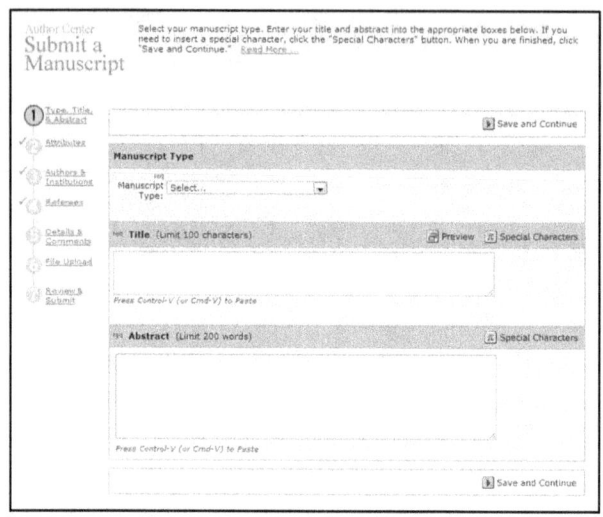

그림 2. Title and Abstract Screen

새로운 논문을 제출할 때 먼저 논문의 종류를 선택한다. 종류는 일반적으로 일반 논문(regular paper)과 특집호(special issue)로 구분된다. 특집호가 학회와 연관된 경우 학회 이름이 함께 표시된다. 종류를 선택 후에 제목(title)과 초록(abstract)을 입력한다. 위 예제처럼 길이 제한이 있는 경우 MS Word의 "word count" 기능을 이용해 길이를 맞출 수 있다.

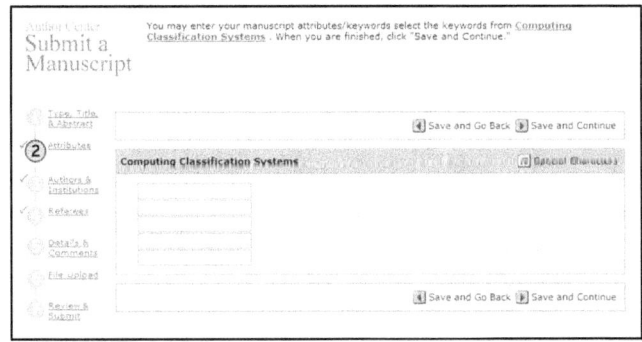

그림 3. Keywords Screen

그림 3에서는 연구의 주제어를 입력한다. 주제어는 논문을 검색할 때 사용되기 때문에 보편적인 용어를 사용하는 것이 좋다. 해당 연구에서 처음 소개하는 용어나 잘 알려지지 않은 용어들은 피하는 것이 좋다. 보통 5~8개를 넣는다.

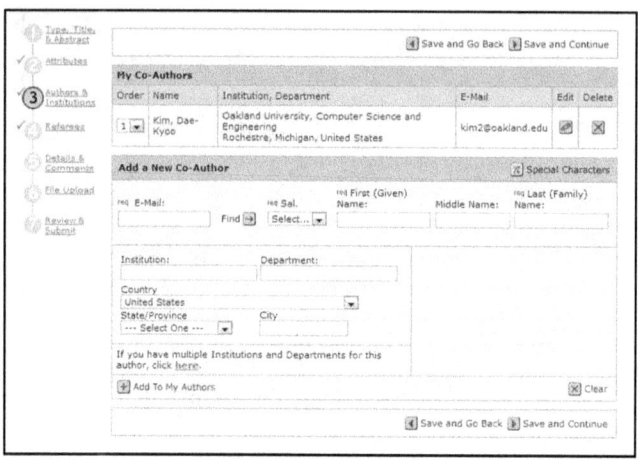

그림 4. Authors and Institutions Screen

그림 4 에서는 저자를 추가한다. 과거에 논문을 제출한 적이 있는 경우 이메일(e-mail) 주소만 넣어도 시스템에 저장돼 있던 저자들의 정보가 자동으로 채워진다.

그림 5. Reviewer Screen

그림 5 에서는 심사위원을 추천한다. 저널은 학회와 달리 편집 위원회(Editorial Board)가 심사를 진행한다. 논문이 제출되면 해당 분야의 편집 위원에 할당되며 편집 위원은 관련 분야 전문가를 선정하여 심사를 요청한다. 여러 분야를 다루는 저널의 경우 범위가 넓어 심사위원을 선정하기가 어렵다. 이런 경우 몇몇 저널은 저자가 심사위원을 추천할 수 있도록 한다. 이때 저자는 추천하는 심사위원과 이해관계(conflicts of interest)가 없어야 한다. 추천한 심사위원들이 모두 선정되는 것은 아니며 최종 선정은 논문을 맡은 편집장(editor)이 결정한다. 저자의 추천 외에도 참고 문헌의 저자를 심사위원으로 선정하기도 한다.

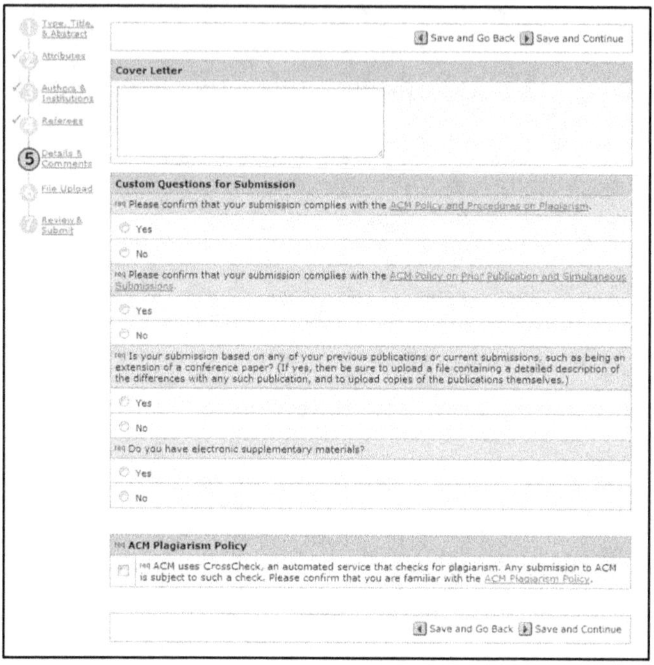

그림 6. Details and Comments Screen

그림 6에서는 표절과 중복 제출에 관한 규정에 동의하고 이전에 출판된 유사 논문이 있는지 확인한다. 종종 학회 논문의 확장을 저널에 제출하기도 한다. 이런 경우 해당 학회 논문도 함께 제출해야 한다. 또한, 그 학회 논문과 현재 제출하는 논문이 구체적으로 어떻게 다른지 설명해야 한다. 일반적으로 학회 논문의 30% 이상이 새로운 내용이면 확장판으로 인정해준다. 중복 제출은 연구 윤리상 엄격히 제한되며 논문 심사 기간에는 다른 저널이나 학회에 같은 논문을 제출할 수 없다.

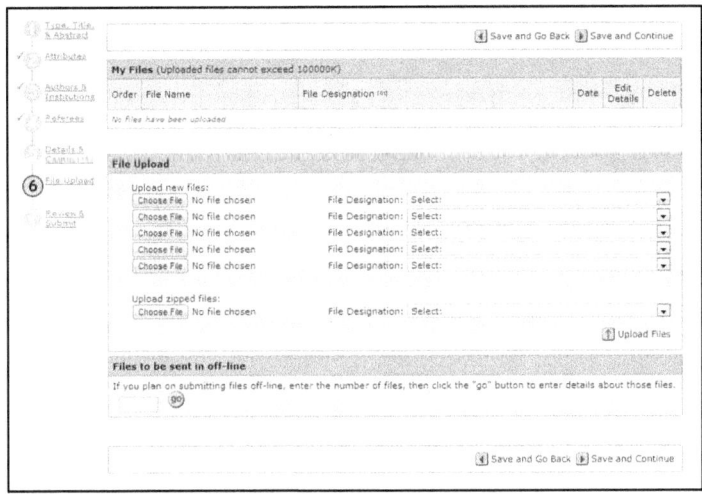

그림 7. File Upload Screen

그림 7 에서는 논문과 관련한 파일을 올린다. 예를 들어 LaTeX 로 논문을 작성한 경우 "tex" 파일 외에 "bibliography" 파일, 그림 파일, PDF 파일 등을 함께 올린다. 1 차 심사 후 교정을 제출할 경우 답변서(response letter)와 함께 올린다.

위 과정들이 끝나면 최종 점검화면이 나오고 올린 파일들로 새로운 PDF 파일이 생성된다. 새로 생성된 PDF 파일을 최종 검토하고 제출한다. 제출 후 확인 메일의 수신 여부 반드시 확인한다. 때로는 저널에서 오는 메일들이 스팸 메일로 분류되어 못 받는 경우가 있다. 만약 마감일과 관련된 서신에 이런 일이 발생할 경우 낭패를 볼 수 있다.

## 10.4 표절

요즘 사회적으로 표절이 심각한 문제로 떠오르고 있다. 안타까운 현실이다. 표절은 제대로 인용하지 않아 발생한다. 저자는 본인이 인용한 문장과 인용 출처(source)를 명확히 알고 인용해야 할 의무가 있다. 반드시 인용해야 하는 경우에 대해서 알아보자.

- 다른 논문에 게재된 이론(theories)이나 기술(techniques), 방법(methods) 등을 사용하면 인용해야 한다. 똑같은 것을 쓰지 않았다 해도 참고 했다면 인용해야 한다.
- 다른 논문에 게재된 문장(sentences), 그림(figures), 표(tables), 도표(graphs) 등을 사용하면 인용해야 한다. 똑같은 문장을 썼다면 이중인용부호("")를 사용해 직접인용을 나타낸다. 문장은 다르지만, 문맥이 같은 경우 간접인용으로 역시 참고 문헌을 인용해야 한다. 그림, 표, 또는 도표를 사용한 경우 주석에 인용을 붙이거나 참조하는 글에 인용한다.
- 본인의 이전 논문을 참고해도 인용한다. 그렇지 않을 경우 자기 표절이 된다. 이미 출판된 내용을 마치 출판되지 않은 것처럼 사용했기 때문이다. Pamela Samuelson 은 1994 년 "self-plagiarism"의 예외 경우에 대해서도 정의했다.

# 11 논문 심사

논문의 종류에 따라 심사 과정도 다소 다르다. 학회 논문과 저널 논문의 심사 과정에 대해 알아보자.

## 🌳 학회 논문 심사

학회 논문은 학회의 기술위원회 (program committee)가 심사하며 심사 기간은 보통 논문 제출 후 2~3 개월 정도 걸린다. 일반적으로 논문 하나에 3~4 명의 심사위원이 배정되며 심사 위원마다 짧게는 한 문단에서 길게는 한 페이지 정도의 심사 의견을 준다. 심사는 "singly blinded"나 "doubly blinded"로 진행된다. "singly blinded" 심사는 저자를 공개되고 심사 위원은 익명으로 진행한다. 반면 "doubly blinded" 심사는 저자와 심사 둘 다 익명으로 진행한다. 따라서 "doubly blinded"가 좀 더 객관적이라 할 수 있다. 심사 점수는 학회마다 다르지만, 일반적으로 1 (strong reject), 2 (weak reject), 3 (weak accept), 4 (strong accept)로 평가하며 심사 위원 다수의 의견으로 결정한다. 심사위원 간의 견해차가 큰 경우 별도의 회의를 통해 최종적으로 결정한다. 통과된 논문은 약 2주 후에 심사 의견을 반영한 최종 버전 (camera-ready)를 제출한다.

## 🌳 저널 논문 심사

저널 논문은 저널 편집위원회(editorial board)에서 심사하며 심사 기간은 일반적으로 논문 제출 후 3~6 개월 정도 소요된다. 학회 논문과 마찬가지로 3~4 명의 심사 위원이 심사하며 "singly blinded"로 진행된다. 학회 논문보다 심사가 엄격하고 심사 의견도 구체적이다. 한 명의 심사 위원이 짧게는 한 페이지 길게는 두 페이지 정도의 심사 의견을 게재한다. 평가는 일반적으로 탈락을 의미하는 "reject"와 상당한 수정을 요구하는 "major revision", 그리고 약간의 수정을 요구하는 "minor revision"으로 나누어진다. 일반적으로 "major revision"을 많이 주며 연구의 완성도가 높은 경우에 한 해 드물게 "minor revision"을 주기도 한다. "major revision"을 받으면 약 6개월 정도의 수정 기간이 주어지며 그 기간에 지적된 사항들에 대해 꼼꼼히 대응한다. 수정이 끝나면 각 심사 의견이 어떻게 반영됐는지에 대한 별도의 답변서(response letter)로 제출한다. 개정된 논문은 답변서와 함께 재심에 들어가며 대부분의 경우 1차 심사 때와 같은 심사위원이 심사한다. 간혹 심사위원이 바뀌는 경우도 있는데 이런 경우 새로운 심사 위원으로부터 심사를 다시 받기 때문에 그만큼 심사 기간이 지연된다. 재심사 역시 1차 심사 때와 비슷한 3~6개월 정도의 시간이 소요되며 평가는 보통 "reject"이나 "minor revision"을 준다. "reject"는 개정된 논문이 1차 심사 의견을 만족하지 못했음을 의미하며 논문은 탈락한다. "minor revision"은 1차 심사 의견의 대부분을 만족했지만, 미흡한 부분이 있음을 나타낸다. "minor revision"을 받은 경우 보통 2달 정도의 수정 기간을 주며 1차 심사 때와 마찬가지로 답변서와 함께 개정본을 제출한다. 2차 심사를 통해 심사위원 전원이 만족할 경우 최종적으로 통과된다. 수정해야 할 사항이 미미할 경우 2차 심사를 거치지 않고 편집장의 재량으로 통과시키기도 한다.

## 11.1 심사 평 (Review Comments)

심사평은 크게 논문 개요, 장단점 분석, 세부 심사평으로 구성된다. 먼저 논문에서 해결하고자 하는 문제와 저자들이 제안하는 해결 방안에 대해 요약한다. 다음으로 연구의 전반적인 장단점(pros and cons)을 평가한다. 그리고 마지막으로 논문의 각 부문마다 구체적인 심사평을 기술한다. 자주 나오는 심사 의견에 대해 알아보자.

### 🌳 연구 동기 관련 심사

논문 심사 시 가장 중요하게 보는 것 중 하나가 연구 동기(motivation)다. 연구 내용이 아무리 좋다 해도 연구 동기가 약하면 그 연구의 당위성을 인정받지 못한다. 연구 동기에 대한 심사 의견을 받으면 먼저 초록과 서론의 동기부여를 검토하고 보강한다. 별도의 연구 동기(motivation) 부문을 만들어 보강하는 것도 효과적이다. 연구 문제의 불확실성에 대한 심사평도 자주 나온다. 보통 연구 동기가 확실해지면 연구 문제 역시 명확해진다.

### 🌳 관련 연구 관련 심사

가장 많이 나오는 심사평 중 하나가 관련 연구의 누락이다. 아무리 철저하게 관련 연구를 조사한다 해도 포함하지 못한 연구가 있을 수 있다. 만약 중요한 관련 연구가 빠졌다면 이는 연구 동기와도 연결되어 있어 치명적이라 할 수 있다. 하지만 일부 관련 연구가 빠지는 것은 흔한 일로 심사에 큰 영향을 미치지 않는다.

### 🌳 검증 관련 심사

심사에서 중요한 또 하나는 검증(evaluation, validation)이다. 검증은 연구의 신뢰성을 입증하는 것이기 때문에 아무리 훌륭한 연구라 해도 검증이 제대로 이루어지지 않으면 그 가치를 인정받기 어렵다. 검증과 관련한 일반적인 심사 의견은 검증의 일관성, 객관성, 일반성 등이 있다. 분야별로 검증 방식이 다양하여 해당 분야의 일반적 검증 방식을 숙지해야 한다. 예를 들어 수학 관련 논문에서는 이론적 증명을 통해 검증하고 공학에서는 통계적 실험을 통해 검증한다. 수학의 이론적 증명에서는 증명의 기반을 이루는 가정들에 대한 일관성을 검증하고 공학의 통계적 실험에서는 반복 실험을 통한 객관성과 일반성을 검증한다.

## 영어 문법 관련 심사

우리나라에서 제출되는 논문들이 가장 많은 지적받는 것이 영어 문법이다. 개인의 노력으로는 한계가 있는 부분이다. 하지만 몇 가지 노력을 통해 향상할 수 있다. 먼저 확실하지 않은 영어 표현에 대해서는 "Google News"나 "Google Scholar"에서 확인해본다. 일반 온라인 문서의 문장보다 뉴스나 논문의 문장은 신뢰할 수 있다. 또한, MS Word 와 같은 편집기를 사용해 기본적인 문법과 철자(spelling)를 검사한다. 마지막으로 주위의 경험이 많은 동료에게 교정(proofreading)을 부탁한다.

## 11.2 답변서 (Response Letter)

답변서는 표지(cover page), 투고 서신(cover letter), 각 심사의견에 대한 구체적 답변(response to individual comments)으로 구성된다.

## 🌳 표지 (Cover Page)

표지는 답변서를 준비한 저자들의 리스트와 소속 기관, 준비한 날짜 등을 넣는다. 표지가 반드시 필요한 것은 아니나 좀 더 격식적인 느낌을 준다. 다음은 표지의 예이다.

**예제**

Letter in Response to Reviewers' Comments

Prepared by

Dae-Kyoo Kim[*],
Byunghun Lee[*],
Sangsig Kim[†]

[*]Department of Computer Science and Engineering
OaklandUniversity
Rochester, MI, USA

[†]Software Engineering Laboratory
Rochester, MI, USA

September 13, 2013

## 🌳 투고 서신(Cover Letter)

투고 서신은 주된 수정 사항에 대해 설명한다. 일반적으로 부문(section)별로 설명한다. 때로는 편집장의 심사 총평에 답변하는 형식으로 쓰기도 한다. 편지 끝에 심사위원들에게 감사의 글을 추가하여 긍정적인 인상을 줄 수 있다. 다음은 투고 서신의 예이다.

**예제**

Dear Editor:

We have revised the paper based on the reviews and your comments. The revision includes the following major changes: (1) Abstract and introductions are modified to clarify the problem being addressed in this work, (2) Section 2 is added to better describe the motivation of the work, (3) detailed descriptions on transformation rules are added in Section 4, (4) three more case studies are added in Section 5, (5) the evaluation method is redesigned, and (6) threats to validity are discussed in Subsection 6.3. In the remainder of this letter, we respond to the specific comments made by the reviewers and relate them to the changes made in the paper. The references used in the responses can be found at the end of this letter.

We thank you for the consideration of possible publication in ACM Transactions on Software Engineering and Methodology and the reviewers for their constructive comments.

Sincerely,

Dae-Kyoo Kim,
Byunghun Lee,
Sangsig Kim

## 🌳 심사 의견에 대한 답변

각 심사 의견에 대하여 개별적으로 답변한다. 답변하는 과정에서 논문이 수정되었으면 구체적으로 어느 부문이 어떻게 수정되었는지 명확히 설명한다. 답변서를 작성할 때 어조(tone)에 주의한다. 때로는 심사평이 감정적일 수 있다. 이런 경우 저자들도 자칫 감정적으로 대응할 수 있다. 주의해야 할 부분이다. 최대한 객관적인 관점에서 차분하게 대응한다. 지나치게 방어적이거나 지나치게 수동적이어도 안 된다. 다음은 개별 심사 의견에 대한 답변의 예이다.

**예제**

### Reviewer 1

**Comment 1**: "The motivation of this paper is problematic. You say 'Role-Based Access Control (RBAC) and Mandatory Access Control (MAC) are widely used access control models. They are often used together in domains where both data integrity and information flow are concerned.'. It is not necessary to use the two models together. This will only increase the complexity of the system. Actually, RBAC can provide both integrity and confidentiality protection simultaneously. MAC also can provide the two forms of protection. Why we need to combine the implementations of MAC and RBAC together ?"

*Response*:

That is true that both RBAC and MAC address confidentiality and data integrity (which are common goals of all access control models). However they are addressed in different ways for different domains in RBAC and MAC. The work in this paper addresses a design aspect of how the two different ways of RBAC and MAC can be effectively combined to address heterogeneous domains where both RBAC and MAC are required. Examples of such domains include the hospital domain, the government domain, and the military domain. These domains typically involve a large number of users and a hierarchical structure of roles in business process where roles are given different accessibility per their assigned responsibilities, which can be effectively addressed by RBAC. They also involve documents classified by data sensitivity and need to restrict access to them by classification, which is concerned in MAC. However, difficulties are raised when RBAC and MAC are considered together due to their heterogeneous nature. A major difficulty lies in the development of system designs to support both RBAC and MAC. The development of hybrid access control systems involves high complexity due to the heterogeneous nature of RBAC and MAC. RBAC enforces access control based on roles assigned to users, while MAC is based on multi-level on users and objects. When merging such heterogeneous models, it is required to have a comprehensive domain analysis for identifying matching domain elements as merging points. RBAC and MAC have evolved in many variations, each addressing a different aspect which is viewed as a feature in this work. Not all features are needed in development and only needed features can be used, which decreases development complexity and error proneness.

### Reviewer 2

**Comment 2**: "The current structure makes the article very hard to read. In Section 2 - 'Related Work', several termini technici are used which are only defined later on (liberal and strict *-property, static and dynamic separation of duty). "

*Response*: We understand the difficulty. We restructured the paper by moving Section 2 (Related Work) to Section 9 and splitting Section 3 into Section 2 about RBAC and MAC background introducing terminologies and Section 3 about feature modeling.

## 12  출판

논문 심사를 모두 통과하면 출판사에 저작권을 양도하는 서류를 작성한다. 만약 오픈 액세스(open access)를 원할 경우 출판사에 일정 금액을 지급하고 저작권을 양도하지 않아도 된다. 저작권에 대한 서류가 끝나면 마지막으로 인쇄를 위한 조판(typesetting)을 점검한다. 최종 출판을 위해 출판사에서 인쇄 초본을 보내고 저자는 조판 과정에서 발생할 수 있는 오류를 최종 점검하여 출판사에 통보한다. 그 통보를 마지막으로 논문은 저자의 손을 떠나며 더 이상의 수정은 할 수 없다. 출판된 논문은 "Digital Object Identifier (DOI)"을 부여 받고 온라인으로 먼저 출판된다. 종이 인쇄는 온라인 출판 이후에 나오며 다소 시간이 걸린다.

## Epilogue

독자에게 실질적 도움이 될 수 있도록 노력했다. 문장 하나 하나에 마음을 담았고 표현 하나 하나에 진심을 심었다. 필자의 작은 노력이 많은 분들에게 도움이 되길 바란다.

## 참고 문헌

[Choi et al. 2013] Su-Jin Choi*, Dae-Kyoo Kim, and Sooyong Park, "ReMo: A Recommendation Model for Software Process Improvement and Industrial Case Studies", *ACM Transactions on Software Engineering and Methodology (TOSEM)*, 2013, submitted.

[Lee et al. 2013] Junha Lee*, Dae-Kyoo Kim, and Sooyong Park, "Decomposing Class Responsibilities Using Interaction-Based Method Similarity", *The Scientific World Journal (SWJ)*, 2014, submitted.

[Araujo et al. 2004] Joao Araujo, Jon Whittle, and Dae-Kyoo Kim, "Modeling and Composing Scenario-Based Requirements with Aspects," *In Proceedings of the 12th IEEE International Requirements Engineering Conference (RE)*, pp. 58-67, Kyoto, Japan, 2004.

[Cho et al. 2012] Youngdo Cho, Hwangwook Kim, Dae-Kyoo Kim, and Sooyong Park, "An Interaction-Driven Approach to Identifying Functional Behaviors of Service Robot Systems" accepted at International Conference on Engineering of Complex Computer Systems (ICECCS), pp. 109-118, Paris, France, 2012.

[Choi et al. 2012] Sujin Choi, Dae-Kyoo Kim, and Sooyong Park, "ReMo: A Recommendation Model for Software Process Improvement" accepted at the 8th International Conference on Software and System Process (ICSSP), pp. 135-139, Zurich, Switzerland, co-located with ICSE 2012.

[France et al. 2003] Robert France, Sudipto Ghosh, Eunjee Song, and Dae-Kyoo Kim, "A Metamodeling Approach to Pattern-based Model Refactoring," *IEEE Software*, Special Issue on Model Driven Development, Vol. 20, No. 5, pp. 52-58, September/October 2003.

[France et al. 2004] Robert France, Dae-Kyoo Kim, Sudipto Ghosh, and Eunjee Song, "A UML-Based Pattern Specification Technique," IEEE Transactions on Software Engineering, Vol.30, No.3, pp. 193-206, March 2004.

[France et al. 2002a] Robert France, Dae-Kyoo Kim, and Eunjee Song, "Role-Based Modeling Language (RBML) Specification V1.0," Technical Report 02-106, Computer Science Department, Colorado State University, Fort Collins, Colorado, 2002.

[France et al. 2002b] Robert France, Dae-Kyoo Kim, and Eunjee Song, "Patterns as Precise Characterizations of Designs," Technical Report 02-101, Computer Science Department, Colorado State University, Fort Collins, Colorado, 2002.

[France et al. 2003] Robert France, Dae-Kyoo Kim, Eunjee Song, and Sudipto Ghosh, "Using Roles to Characterize Model Families," *Practical Foundations of Business and System Specifications*, pp. 179-195. Haim Kilov, Editor, Kluwer Academic Publisher, August, 2003, ISBN: 1402014805.

[Kim 2013] Dae-Kyoo Kim, "Design Pattern-Based Model Transformation and Tool Support", *Journal of Software: Practice and Experience (JSPE)*, 2013, in press.

[Kim 2008] Dae-Kyoo Kim "Software Quality Improvement via Pattern-Based Model Refactoring", In Proceeding of the 11th IEEE High Assurance Systems Engineering Symposium (HASE), pp. 293-302, Nanjing, China, 2008.

[Kim 2007] Dae-Kyoo Kim, "The Role-Based Metamodeling Language for Specifying Design Patterns", *Design Pattern Formalization Techniques*, pp. 183-205, Toufik Taibi, Editor, Idea Group Inc., 2007, ISBN: 1599042193.

[Kim 2005a] Dae-Kyoo Kim, "Evaluating Conformance of UML Models to Design Patterns," *In Proceedings of 10th IEEE*

International Conference on Engineering of Complex Computer Systems (ICECCS), pp. 30-31, Shanghai, China, 2005.

[Kim 2005b] Dae-Kyoo Kim, "Evaluating Pattern Conformance of UML Models," Technical Report CSE-05-TR-0501, Computer Science and Engineering, Oakland University, Rochester, Michigan, 2005.

[Kim 2004] Dae-Kyoo Kim, "A Meta-Modeling Approach to Specifying Patterns," Ph.D. Dissertation, Computer Science Department, Colorado State University, Fort Collins, Colorado, 2004.

[Kim and Gokhal 2006] Dae-Kyoo Kim and Priya Gokhal, "A Pattern-Based Technique for Developing UML Models of Access Control Systems," *In Proceedings of the 30th IEEE Annual International Conference Software and Applications Conference (COMPSAC)*, pp. 317-324, Chicago, IL, 2006.

[Kim and Khawand 2007] Dae-Kyoo Kim and Charbel El Khawand, "An Approach to Precisely Specifying the Problem Domain of Design Patterns", *Journal of Visual Languages and Computing (JVLC)*, 2007. Vol. 18, No. 6, pp. 560-591.

[Kim and Lu 2008] Dae-Kyoo Kim and Lunjin Lu, "Pattern-Based Transformation Rules for Developing Interaction Models of Access Control Systems", *In Proceeding of the 10th International Conference on Software Reuse (ICSR)*, pp. 306-317, Beijing, China, 2008.

[Kim and Lu 2006] Dae-Kyoo Kim and Lunjin Lu, "Inference of Design Pattern Instances in UML Models via Logic Programming," *In Proceedings of the 11th IEEE International Conference on Engineering of Complex Computer (ICECCS)*, pp. 47-56, Stanford, CA, 2006,

[Kim and Lu 2010] Dae-Kyoo Kim, Lunjin Lu, and Sangsig Kim, "A Verifiable Modeling Approach to Configurable Role-Based

Access Control", In Proceedings of Fundamental Approaches to Software Engineering (FASE/ETAPS), pp. 188-202, Paphos, Cyprus, 2010.

[Kim and Shen 2008] Dae-Kyoo Kim and Wuwei Shen, "Evaluating Pattern Conformance of UML Models: A Divide-and-Conquer Approach and Case Studies", *Software Quality Journal (SQJ)*, Vol. 16, No. 3, pp. 329-359, 2008.

[Kim and Shen 2007] Dae-Kyoo Kim and Wuwei Shen, "An Approach to Evaluating Structural Pattern Conformance of UML Models," *In Proceedings of the 22nd Annual ACM Symposium on Applied Computing(ACMSAC), Software Engineering Track*, pp. 1404-1408, Seoul, Korea, 2007.

[Kim and Whittle 2005] Dae-Kyoo Kim and Jon Whittle, "Generating UML Models from Domain Patterns," *In Proceedings of The 3rd ACIS International Conference on Software Engineering Research, Management & Applications (SERA)*, pp. 166-173, Mount Pleasant, MI, 2005.

[Kim and Whittle 2005] Dae-Kyoo Kim and Jon Whittle, "Generating UML Models from Domain Patterns," Technical Report CSE-05-TR-0301, Computer Science and Engineering, Oakland University, Rochester, Michigan, 2005.

[Kim et al. 2014] Sangsig Kim, Dae-Kyoo Kim, Lunjin Lu, and Eunji Song, "Building Hybrid Access Control by Configuring RBAC and MAC Features", *Journal of Information and Software Technology (IST)*, 2014.

[Kim et al. 2013a] Dae-Kyoo Kim, Sangsig Kim, Hyosik Yang, Hyuksoo Jang, Deaseung Hong, Herb Falk, and Byunghun Lee, "A Metamodeling Approach to Unifying IEC 61850 and IEC 61970", the 4th IEEE PES Innovative Smart Grid Technologies Conference (ISGT), 2013, Washington DC.

[Kim et al. 2013b] Dae-Kyoo Kim, Byunghun Lee, Sangsig Kim, Hyosik Yang, Hyuksoo Jang, Deaseung Hong, and Herb Falk, "QVT-Based Model Transformation to Support Unification of IEC 61850 and IEC 61970", *IEEE Transactions on Power Delivery (TPD)*, 2013, in press.

[Kim et al. 2011a] Sangsig Kim, Dae-Kyoo Kim, Lunjin Lu, Suntae Kim*, Sooyong Park, "A Feature-Based Approach for Modeling Role-Based Access Control Systems", *Journal of Systems and Software (JSS)*, Vol. 84, No. 12, pp. 2035-2052, 2011.

[Kim et al. 2011b] Sangsig Kim, Dae-Kyoo Kim, Lunjin Lu, Sooyong Park, and Suntae Kim, "A Feature-Based Modeling Approach for Building Hybrid Access Control Systems", the 5th International Conference on Secure Software Integration and Reliability Improvement (SSIRI), pp. 88-97, Jeju, Korea, 2011.

[Kim et al. 2011c] Sangsig Kim, Yen-Ting Lee, Yuanlin Zhu, Dae-Kyoo Kim, Lunjin Lu, and Vijayan Sugumaran, "A Feature-Based Modeling Approach to Configuring Privacy and Temporality in RBAC", the 23rd International Conference on Software Engineering and Knowledge Engineering (SEKE 2011), pp. 666-671, Miami, Florida, 2011.

[Kim et al. 2010] Suntae Kim, Dae-Kyoo Kim, and Sooyong Park, "Tool Support for Quality-Driven Development of Software Architectures", In Proceedings of the 25th IEEE/ACM International Conference on Automated Software Engineering (ASE), pp. 127-130, Antwerp, Belgium, 2010.

[Kim et al. 2009a] Suntae Kim, Dae-Kyoo Kim, Lunjin Lu, and Sooyong Park, "Quality-Driven Architecture Development Using Architectural Tactics", *Journal of Systems and Software (JSS)*, Vol. 82, No. 8, pp. 1211-1231, 2009.

[Kim et al. 2009b] Suntae Kim, Jintae Kim, Sooyong Park, and Dae-Kyoo Kim, "GARDIAN: A Tool for Validating Rule-Based

Modeling Methods", In Proceedings of the 9th International Conference on Quality Software (QSIC), pp. 161-166, Jeju, Korea, 2009.

[Kim et al. 2009c] Dae-Kyoo Kim, Suntae Kim, Vanitha Sathyanarayanan, "Tool Support for Instantiating UML Models from Domain Models", *International Journal of Computer Science and Information Science (IJCSI)*, Vol.10, No. 1, pp. 26-36, 2009.

[Kim et al. 2008] Suntae Kim, Dae-Kyoo Kim, Lunjin Lu, and SooYong Park "A Tactic-Based Approach to Embodying Non-functional Requirements into Software Architectures", In Proceeding of *the 12th IEEE International Enterprise Distributed Object Computing Conference (EDOC)*, pp. 139-148, Munich, Germany, 2008.

[Kim et al. 2006] Dae-Kyoo Kim, Pooja Mehta, and Priya Gokhal, "Describing Access Control Patterns Using Roles," *In Proceedings of Pattern Languages of Programming Conference (PLoP)*, pp. 1-20, Portland, OR, 2006.

[Kim et al. 2004a] Dae-Kyoo Kim, Robert France, and Sudipto Ghosh, "A UML-Based Language for Specifying Domain-Specific Patterns," *Journal of Visual Languages and Computing (JVLC)*, Special Issue on Domain Modeling with Visual Languages, Vol. 15, No. 3-4, pp. 265-289, 2004.

[Kim et al. 2004b] Dae-Kyoo Kim, Indrakshi Ray, Robert France, and Na Li, "Modeling Role-Based Access Control Using Parameterized UML Models," *In Proceedings of Fundamental Approaches to Software Engineering (FASE/ETAPS)*, volume 2984 of Lecture Notes in Computer Science (LNCS), pp. 180-193, Barcelona, 2004.

[Kim et al. 2003a] Dae-Kyoo Kim, Robert France, Sudipto Ghosh, and Eunjee Song, "A Role-Based Metamodeling Approach to Specifying Design Patterns," *In Proceedings of the 27th IEEE*

Annual International Computer Software and Applications Conference (COMPSAC) 2003, pp. 252-257, Dallas, TX, 2003.

[Kim et al. 2003b] Dae-Kyoo Kim, Robert France, Sudipto Ghosh, and Eunjee Song, "A UML-Based Metamodeling Language to Specify Design Patterns," In Proceedings of Workshop on Software Model Engineering (WiSME), pp. 1-9, San Francisco, CA, 2003.

[Kim et al. 2002a] Dae-Kyoo Kim, Robert France, Sudipto Ghosh, and Eunjee Song, "Using Role-Based Modeling Language (RBML) to Characterize Model Families," In Proceedings of the 8th IEEE International Conference on Engineering of Complex Computer Systems (ICECCS), pp.107-116, Greenbelt, 2002.

[Kim et al. 2002b] Dae-Kyoo Kim, Sudipto Ghosh, Robert France, and Eunjee Song, "Software Component Specification Using Role-Based Modeling Language," In Proceedings of 11th OOPSLA Workshop on Behavioral Semantics: Serving the Customer, pp. 1-9, Seattle, WA, 2002.

[Lee et al. 2012] Junha Lee, Donghun Lee, Dae-Kyoo Kim, and Sooyong Park, "A Semantic-Based Approach for Detecting and Decomposing God Classes", CoRR abs/1204.1967, 2012.

[Lu and Kim 2013a] Lunjin Lu and Dae-Kyoo Kim, "Required Behavior of Sequence Diagrams Semantics and Refinement", ACM Transactions on Software Engineering and Methodology (TOSEM), 2013, to appear.

[Lu and Kim 2013b] Lunjin Lu and Dae-Kyoo Kim, "Refinement Inference for Sequence Diagrams", the 39th International Conference on Current Trends in Theory and Practice of Computer Science (SOFSEM), pp. 432-444, Spindleruv Mlyn, Czech Republic, 2013.

[Lu and Kim 2011] Lunjin Lu and Dae-Kyoo Kim, "Required

Behavior of Sequence Diagrams: Semantics and Refinement", In Proceedings of the 16th IEEE International Conference on Engineering of Complex Computer Systems (ICECCS), pp. 127-136, Las Vegas, NV, 2011.

[Lu and Kim 2010] Lunjin Lu, and Dae-Kyoo Kim, "Semantics-based Refinement of Mandatory Behavior of Sequence Diagrams", CoRR abs/1003.1160, 2010.

[Lu et al. 2010] Lunjin Lu, Dae-Kyoo Kim, Yuanlin Zhu, Sangsig Kim*, "Verification of Structural Pattern Conformance Using Logic Programming", *Journal of Universal Computer Science (JUCS)*, Vol. 16, No. 17, pp. 2455-2474, 2010.

[Park et al. 2012] Sunuk Park, Dae-Kyoo Kim, and Sooyong Park, "Pattern-Based Model Transformation Using QVT", the 19th Asia-Pacific Software Engineering Conference (APSEC), pp. 472-481, Hong Kong, 2012.

[Ray et al. 2004] Indrakshi Ray, Na Li, Robert France, and Dae-Kyoo Kim, "Using UML to Visualize Role-Based Access Control Constraints," *In Proceedings of the 9th ACM Symposium on Access Control Models and Technologies (SACMAT)*, pp. 115-124, Yorktown Heights, NY, 2004.

[Ray et al. 2003] Indrakshi Ray, Na Li, Dae-Kyoo Kim, and Robert France, "Using Parameterized UML to Specify and Compose Access Control Models," *In Proceedings of the Sixth IFIP TC-11 WG 11.5 Working Conference on Integrity and Internal Control in Information Systems (IICIS)*, pp. 49-66, Lausanne, Switzerland, 2003, Kluwer Academic Publishers.

[Shen and Kim. 2010] Wuwei Shen and Dae-Kyoo Kim, "Supporting Flexible Reification of Design Patterns", In Proceedings of the 17th Asia Pacific Software Engineering Conference (APSEC), pp. 127-136 Sydney, Australia, 2010.

[Shen and Kim 2008] Wuwei Shen and Dae-Kyoo Kim, "ICER: A Tool for Finding Errors in a UML Model", *In Proceedings of the 23rd Annual ACM Symposium on Applied Computing(ACMSAC), Software Engineering Track*, pp. 804-808, Fortaleza, Brazil, 2008,

[Song *et al*. 2002] Eunjee Song, Robert France, Dae-Kyoo Kim, and Sudipto Ghosh, "Using Roles for Pattern-Based Model Refactoring," *In Proceedings of Workshop on Critical Systems Development (CSDUML)*, pp. 1-8, Dresden, Germany, 2002.

[Whittle *et al*. 2003] Jon Whittle, Joao Araujo, and Dae-Kyoo Kim, "Modeling and Validating Interaction Aspects in UML," *In Proceedings of Workshop on Aspect Oriented Modeling*, pp.1-7, San Francisco, CA, 2003.

www.ingramcontent.com/pod-product-compliance
Lightning Source LLC
Chambersburg PA
CBHW061933220426
43662CB00012B/1889